# cartas a A̶l̶e̶j̶a̶n̶d̶r̶i̶n̶a̶

orlando torres

Impreso en Alemania. Segunda edición, 2020.

ISBN 9-7837519444-8-9

Books on Demand GmbH
In der Tarpen 42
22848 Norderstedt

www.bod.de

# marzo de 2018[1,2]

`mentiras...`

Me fascinan las mentiras.

Miento.

Me fascinan las razones por las que las mentiras se acumulan en la lengua y las escupimos en los oídos ajenos para que cobren sentido y nos eviten la confrontación con la realidad.

No entiendo,

la verdad.

La(s) verdad (es)
que nos callamos, de aquellas que se quedan atoradas en la garganta (las palabras), (las) que se resbalan cuando no nos damos cuenta...

y que...

de repente...

...por temor a que todo se caiga junto con las mentiras y se convierta en vómito esparcido por el suelo, *todo* eso que armamos con más mentiras que de repente nos saben más amargas que el café una mañana (**en agosto**)... preferimos comprimir todas las mentiras entre otras tantas mentiras... y lentamente toman forma. Todo se convierte, con los años, en una plasta insípida y amorfa, que observamos con disgusto (a la distancia) y la queremos ignorar. Pero somos salvajes y nos la tragamos, y nos llena de sombras el estómago, saciando el hambre de nuestra ignorancia del espacio objetivamente observable del universo.

*...eventualmente, desahuciados, empezamos a convertirnos en fibras que traspasa la luz. Diáfanos, absorbemos todos los colores alrededor y perdemos la sutileza de la verdad subjetiva.*

Todo se queda en el matiz indefinido de las verdades absolutas/las mentiras mezquinas: Todo eso que se queda atrapado entre los colores perdidos de afiches en las paredes que alguna vez significaron algo importante, y se empezaron a borrar lentamente, con la tinta deleble de plumines que no estaban hechos para archivarse detrás de un vidrio; aquellas pantaletas que se quedaron en un cajón guardadas, y que alguna vez lavé sin querer junto con las mías, hasta que el olor a humedad las hizo inutilizables (*para otras*), y las tuve que tirar a la basura junto con todas esas tarjetas que ya no tienen uso; *la mancha de vino tinto que quedó en el cojín de la silla propiedad de mi arrendadora, y que por fin me quedé para proteger los vasos de romperse por la mudanza, haciéndose por fin, en algo mío.*

Colores inesperados que terminan perdiéndose en los grises de las mentiras que observamos, y las letras que escribimos a toda velocidad, apresuradas, presionando vidrio con los pulgares y apenas procesamos porque tenemos prisa de seguir existiendo — o lo procesamos tanto, que se nos olvida que existe la realidad detrás de esas pantallas pequeñitas que nos muestran otros mundos, en los que no existimos, y nos perdemos asimilando en el subtexto de las telecomunicaciones modernas: Caricaturas que reemplazan las palabras que faltan y se convierten toscamente en reemplazos (mal)interpretados, tácitos como representaciones de la intangible necedad de quererte ver a los ojos.

¿*Una imagen vale más que mil palabras, supongo?*

*¿Y si no entendí a que te referías con ese silencio*

*— largo?*

Hay malinterpretaciones innocuas, insípidas, transparentes: De las que no se clavan a través de la epidermis, entre los vellos de los brazos que apenas son poros y que molesta saber que se convertirán en arrugas (algún día); de las que no rasgan el músculo ni atrofian los nervios, *porque el cuchillo que te quería enterrar no era ni tan filoso, ni tan largo para paralizarte y acabar por siempre con esa sensación de cosquillas que siento cuando algo anda mal*; de las que no se convierten en heridas viejas que eventualmente se vuelven un recuerdo de color distinto a nuestros marrones imponentes, y dejan de doler de pronto, una mañana nueva en la que sí pude dormir más de seis horas continuas; una mañana nueva que esperamos tan impacientemente cuando todo duele, y que detestamos cuando se encuentran en la cúspide de todas las montañas de impacientes noches oscuras que se nos atraviesan en la madrugada y nos recuerdan que el día dura menos horas durante las lunas interminables de noviembre; una mañana nueva en la que el sol nos despierta después del letargo gris del invierno que ahora es distante y `hueles a sudor con fragancia de rosas y menta porque de repente se apagó el abanico en la noche`[4].

Intentamos, durante días, calmar la tristeza con llanto;

con otros;

    con otras;

        con todo...

---

[4]"Abanico": Del dim. de abano. 8. **m.** *Sin.* Instrumento *o aparato* con aspas giratorias que impulsa o remueve el aire y `gira, y gira, y gira, y gira, y gira y...`

... para que pueda seguir girando la manecilla del reloj de nueve de la mañana hasta pasadas las seis de la tarde; para poder pasarnos todas esas horas después de lavar la ropa con jabón que huele a lavanda, esperando que se seque la ropa, para plancharla y vestirnos, y que vuelvan a ser las nueve de la mañana en un ciclo indefinidamente periódico; para trapear el piso con ese líquido que me recuerda a la vez que casi incendio la casa por la desesperación de tener tantas cucarachas en la cocina y en la regadera; para quitar los restos de comida del lavavajillas, y que no huela a muerto cuando vuelva de tantas horas de no haber estado aquí echando raíces como los seres humanos normales y envejecer esperándola; **esperando a que la gata se despierte y me observe, y maúlle, y en su voz de gata, me diga** *"todo está bien, supongo. Es tarde, sí, pero no importa. Es miércoles. Tú también llegaste a la media noche, no seas impaciente. Miau."*; y me vaya a dormir y por fin pueda estar desconectado de las ausencias anunciadas; para volver y seguir funcionando hasta que todo se detenga, y todo se vuelva la misma incertidumbre que tuvimos al ser expulsadas del líquido amniótico en el que perduramos durante treinta y seis semanas, y cambie por el aire húmedo de verano que en veces huele a caña; otroras, viene cargado de la ceniza de la zafra que ya nunca jamás volvió y ahora es simplemente una malinterpretación humilde que llamaba lluvia negra, y se convirtió en una memoria lejana, siempre a la espera de ese clima pegajoso entre letras mezquinas que no volverás a ver en otra repisa conservando azúcar...

Hay malinterpretaciones que son más verosímiles, que penetran más dentro de los huesos, hasta la médula, y que es más difícil desenterrar cuando empiezan a provocarnos comezón de esa que Dhoyeongya decía que no se puede rascar, cuando todavía vivía ahí cerca de ese río que quedaba convenientemente cerca de donde vivo yo, y que habitamos tantas veces con arroz quemado, hierbas secas que no saben a agua caliente de flores, y cuchillos sin filo que me desesperaba usar para cortar verduras; acompañada de cosquillas, fluidos y risas; de la sangre (no siempre), de las venas y la calvicie; de sudor y de murmullos; de todos los huecos de la piel. Hay malinterpretaciones ligeras y tontas, que vuelan cuando el viento empieza a llevarse otras cosas, como las bolsas de plástico que dejamos en el piso y que algún día volverán para vengarse flotando como aguamalas en las tripas de animales gigantes de ultramar; hay malinterpretaciones que se hunden como las rocas extruídas por nosotras y que se estancan en lagos hondos y que se quedan para siempre abajo, congeladas en ciertos febreros, que dejamos de observar cuando el agua turbia se llena de insectos, orina incidental, niñas y niños pequeños que no entienden lo que digo y no saben lo que hago: Piedras y gente haciendo que el agua llegue más lejos, casi tocando la orilla de la arena seca, hasta que las olas, cada vez más monstruosamente agudas, se empiezan a comer todo lo que construiste y que ahora, por la avaricia y nuestra hambre ((de)tener (el tiempo)), se convirtió en más agua; en cuadrados perfectos hundidos bajo el mar; en memorias distantes.

Malinterpretaciones que no queremos que sucedan;

interpretaciones que nos hacen alucinar mentiras.

mentiras.

Hace tiempo, cuando había más Fernet con coca que ideas en la cabeza, hablaba con ~~Vmmk Cdbidmtln~~ sobre la soledad y el espacio que nos separa a todos los especímenes solitarios del universo. Que uno tiene demasiado     e s p a c i o     hasta que una lo tiene que compartir (con otr⊙s). Que cómo le hace uno, para no estar tan... espacioso. Recuerdo que dijo: *"Che, nos estamos llenando de años, vieja. Nacemos y nos destruimos lentamente como piezas de rompecabezas de la imagen de nuestras propias vidas futuras. Al principio, tenemos esas piezas que caben en todos lados y que parece que pueden encajar en cualquier parte de la imagen.* Somos embriónicas, boludo. *Ni siquiera sabemos si somos parte de este rompecabezas o del otro, si vas o si venís. Con el tiempo, se nos van raspando las esquinas, y nos hacemos más difíciles de encajar. Empezamos a desarrollar colores que no están en la paleta de "donde pertenecemos", y empezamos a perder los magentas y los verdes por cafés y grises más monótonos, perdiendo contraste porque nos fueron lamiendo los colores como caramelos rellenos de cereza y manzanas silvestres. Pero algún día... en algún momento, encontraremos otras imágenes. Las que no sabíamos que existían. Esas son las imágenes de otros; de otras, que también tienen esquinas y errores de imprenta, que les quedan todavía muchos azules y rojos incandescentes que fueron quedando relegados afuera del campo de visión de la lente, pero que una madrugada inesperada, completan la fotografía a la que hemos pertenecido toda nuestra vida"*, mientras le daba un trago a ese vaso improvisado en la plaza del mercado, esperando que llegara la media hora.

... y nos quebramos juntas, un poco, en esa idea difusa...

Otra vez, me decía, entre lágrimas, cuando salimos de ver esa película del hombre que amó a aquellas personas que no sabían amarse y que terminaron destruyéndose por dentro...

`No, miento.`

`Esa vez, no me decía nada. No había absolutamente nada, salvo allá, esa lámpara amarilla incandescente afuera de los departamentos donde vivía en ese entonces, mientras más lágrimas salían de su carita tonta. Porque ella se vio en esa serie de imágenes con sonidos afines. Y yo me vi también, a lo lejos. Creo que la abracé. Un tiempo largo. Más largo que lo que abracé a aquella otra que me abrazó por el tiempo más largo que he calculado (hasta el momento).` Aquella vez, un pedazo nuestro se rompió mutuamente, en la misma parte del rompecabezas. Quedó ese espacio ilegible y abierto, como esperando que alguien más lo llenara...

...Y así quedó, despintado, por años...

Tontas singularidades.

*... Pero quisiera interpretar eso como la razón por la que estamos todas vivas aquí, esperando. Fallando. Convirtiéndonos en los manchones de otras imágenes que se completarán en otro lado del mundo. A veces, esperamos, no sea cruzando (los océanos), para existir paralelos hasta que los cuadros se empiecen a derretir (en el consciente mutuo) y seamos una misma fotografía. Juntas.*

Adorada mía,

        alguna vez, me escribiste: "*Ay Orlando, es que tú me ves con ojos bonitos*"; `Otra vez, siendo distinta, me dijiste:` "`Orli, es que me ves con ojos de amor`"; "`Orlando, solo te sientes solo esta noche.`", esbozaste cuando preferí dejar de abrazarte, y desapareciste de mis recuerdos súbitamente; `Otra vez,` transmutada, murmuraste "*no me veas con esos ojos de enamorado, que* no existimos, Orlando".

> *En mis ojos, serenamente, contrastaba todas esas* **mentiras** *con la realidad de las almohadas, que dejaron de oler a tu perfume el día que eché por fin las sábanas a la lavadora para olvidarte.*

Al menos eso pensé no cuando se escuchó por primera vez, y yo sentía que no eran mentiras (mías). Quise malinterpretar lo que decías y quise abarrotarlo entre las mentiras que siempre digo cuando alguien me demuestra una fibra de afecto para vivir en la nostalgia eterna del amor imposible. *Quiero, como siempre, querer más de lo que me quiero, porque a veces olvido no ver al espejo y se reflejan mis cicatrices de acné, mi carne suelta y mi tabique desviado...* y termino tropezándome como siempre con los agujeros que tengo en el corazón y que no se llenan con otros; con otras... poniendo demasiadas frutas a la canasta, que se vuelve un nido de moscas que entorpecen la vista en el sótano. A sabiendas de eso, hay algo en tu aura que se me quedó embarrado cuando dejé la mía en vigía esa noche; *aquella vez que me dejaste el ojo morado cuando tu ira te sobrepasó las ojeras;* `aquella vez, que te me escapaste sin saber que era la última vez que te veía alejarte de mi (para siempre)...`

aquella vez...

        ... que nevaba,            ... que se nublaba,

          *... que llovía,* Aunque quiera,

                 ... que el crepúsculo era,

         hay algo, y no sé qué es,

     y (a veces) quisiera saber qué es

           para poder remediarlo.

Alguna vez, yo ya estaba bastante alcoholizado, viendo para todos lados; veía las botellas vacías de cerveza tambaleándose en el balcón; la absoluta oscuridad del parque; *del rancho ese remoto, y ni siquiera estabas enfocada*; la silla en la que estaba yo, que era más pequeña que la tuya, como si quisiera utilizar el espacio para comunicarme tácitamente; estaba la ~~música chalina~~[5] sonando quedo al fondo; *escuchando retumbar de la carpa del concierto al que llegaste más flotante que algas resguardando el baño sereno*; tal vez, escuchaba el silencio del parque aquel cuando fumamos viendo ciclistas como luciérnagas, irrumpiendo poco la pausa del mundo externo... como cuando uno lleva flores a los muertos el dos de noviembre, y está la banda tocándole a tantos cadáveres ahora anónimos, pero que estuvieron tan presentes (una vida antes), que todavía hay que llevarles serenata en la mañana de todos los espíritus, para que no se vuelvan solo memorias distantes... Entre más vuelvo a escucharme decirlo y leerme recontarlo, cada vez más y más y más y más y más ~~bloommmoosssoo~~[6] suena más a que te estaba diciendo una terrible mentira, o a que estaba demasiado ebrio y necesitaba decir tonterías para rellenar el sonido del silencio estático, para por fin dejar las tonterías del miedo a fracasar y tener que dormir, como siempre, en el sofá de los sentimientos ajenos, acompañado de libros, *desgracias* y la noche (queda).

---

[5] ~~la música chalina~~, subgénero de la música norteña mexicana, es popular en el noroeste de México (a pesar de las tendencias musicales impuestas por el *zeitgeist*). La temática lírica refiere comúnmente balazos, amores imposibles y las drogas involucradas en el proceso[55].

[55] En ese momento, se discutía sobre ~~Los Cadetes de Linares~~, precursores del género, y sobre su influencia estética en ~~██████~~. Ya no puedo escuchar a ninguno de los dos sin recordar el incidente.

[6] porque queda cada vez más y más y más y más y más y más y más lejos...

Torpemente, entre balbuceos y el terror de que estuvieras escuchando, murmuré: ~~Eres todo lo que busco en una mujer~~. No sonó tan terrible (*en mi mente*), pero no dejo de pensar una y otra, y otra, y otra, y otra, y otra, (y otra) vez, que fueron todas tonterías: Ideas convertidas ahora en hojas de papel arrugado que van a ir con otros tantos papeles que se empolvan en las bibliotecas viejas que ya nadie lee, perdido entre otras tantas páginas que se nos atraviesan por razones que no queremos recordar claramente; Otra vez, cuando te veía después de intentar marearte dando vueltas para nunca llegar a donde vivo. Ya eran las tres de la mañana, y yo quería deshacerme de ti, porque tenía sueño y ya casi tenía que volver a la normalidad *de no haberte conocido nunca.* Caminamos tanto, y yo seguía queriéndome deshacer de ti, pero ahí seguías. A las cinco de la mañana, estábamos ya cerca, pero nos detuvimos en el riachuelo, mientras posabas tu cabeza en mi hombro. Ahí creo que intuí, que eras algo ~~que no buscaba en una mujer~~, pero ahí estabas. Luego, estuviste tan poco tiempo, que empezaste a diluirte en la búsqueda de tu sombra y te empecé a escribir notas pegadas en las paredes.

Y entonces...

Empecé a escribir.

Y escribir.

y escribir más y más...

Y todo se volvió un cúmulo de papeles que alguna vez fueron
solo una hoja amarillenta de papel de acuarela que ya se
me perdió entre papeles viejos de la universidad, cuando
todavía no sabía si volvería a la realidad de la que me escapé apenas,
porque entró una llamada justo antes de que treinta serpientes se
mordieran la cola y comenzara de nuevo a soplar el viento en
dirección opuesta a la rotación de la tierra, para cambiar por siempre
y convertirme en agua de lluvia.

Ahora, lees esto porque me levanté algún martes, y en lugar de
arrastrarme entre hojas que iba a tirar cuando se me hicieran
cicatrices en los ojos, puse todo en un sobre, y salieron estas letras de
mis manos. Salieron en un sobre de papel amarillo; o en puntos y
espacios para que alguien revisara que no estoy cometiendo
un terrible error, y pasaron por tantas manos desconocidas y
tuvimos que esperar pacientemente a que no se perdiera entre tantos
papeles que pierde el sistema de correo todos los días, para que se
convirtiera en otro espacio ocupado entre tus libros, (o más basura
no reciclada, como siemp  [7]) un día que tuvieras algo de tiempo
para sacarlo y verlo, y me dijeras si todavía existía entre tus neuronas.

---

[7]Las amenazas hechas por el inexistente narrador omnipresente solo deben de ser
tomadas como una ilusión de ruptura de la cuarta pared, incluida la pausa forzada.
Prosiga sin cuidado.

Por eso, te ~~dedico~~ *dediqué* todo esto que estás leyendo. Porque no lo podía decir claro entonces. Por eso, ~~quiero~~ *quería* ~~convencerte de algo a lo largo del texto~~[8]. ~~Quiero~~ *Quería* que sepas que no ~~estoy estaba~~[9] mintiendo. Que *era* ~~es~~ en serio.[10,11†].

---

[8]Nunca te pude convencer.

[9]Ya ni sé si estaba.

[10]pero todo termina muriéndose, y heme aquí, intentando caminar pa'trás y convencerme que esencialmente, hacer un agujero y enterrar algunos cadáveres, a veces es más lógico que dejar que los buitres y los chanates se los lleven arriba de las palmas[11†].

[11†]En la ciudad de Los Mochis, Sinaloa, hay un miembro de la familia *Icteridae* denominado localmente como chanate. En un parque cerca del centro de la ciudad, es posible observar algunas de estas aves que no comen animales acompañando a las de rapiña rondando las palmas que recubren algunas zonas del parque. Esperando. *Esperando que todos se mueran para llevarlos arriba de las palmas.*

De alguna manera, quise ser consciente de tu aura, símbolo apócrifo de mi fascinación por tu persona; Quise ser consciente que te convertiste en una esfinge que mantenía encerrada en una parte de mi metaconsciencia, esperando algún día, poderte ver de nuevo. De alguna manera, poderte encontrar otra vez como si las cosas fueran a cambiar de repente, después de que me alejé tanto tiempo, entre montañas y lenguas anónimas que no controlaba ni entendía; entre uñas desconocidas y objetos innombrables; en el cinismo de esperar que los relojes se detuvieran en algún punto, y decirte algún día, el significado de los silencios — (largos).

Pensé, tiempo atrás, que existías.

Alguna vez, cuando te conocí aquella vez que me invitó M~~aríaGabriel~~ "por unas cheves" al D~~rreenmHtonuste~~[12]; *por un café al mismo barrio*, y que después de eliminar las buenas costumbres de protocolo social (al *no hacerla de pedo por cualquier pendejada con la que no estoy de acuerdo*), empecé a romper el protocolo social y a *hacerla de pedo* porque algo dijiste acerca de que te gusta el *jazz*; el arte contemporáneo; la comida ~~colombiana~~; y evidentemente, al creer que era la única persona que conoce todo lo interesante porque tenía Internet; por encontrar esa música que no podía encontrar en las viejas disqueras del centro de la ciudad de Los Mochis; que sí entiende los manchones esos en las paredes; o saber qué tienen de interesante esas caricaturas; enervadamente, te contradije. Y obviamente, empecé a *hacerla más de pedo*. Discusiones, discusiones, discusiones; más alcohol, más martinis sucios; más gritos, **más cervezas calientes**, más discusiones; más contradicciones. Todo se resolvió entre ~~pollo frito,~~ perros calientes secos; y papas fritas frías en la mesita de la sala de M~~aríaGabriel~~; en esa parada de tranvía abandonada... yo sin camisa dormido del lado opuesto tuyo; cabeceando en el primer tranvía a casa, y tú en algún lado empezando a olvidar todo lo sucedido.

---

[12]El D~~reenmHtonuste~~ ~~¿~~era? un bar en el barrio de ~~Chapultepec~~ en la ciudad de ~~Guadalajara~~, que llego a mi vida por una amiga que conocí porque le regalé un llavero de un festival de música en 2008 (en 2018, al verla de nuevo, me informó que ya no tiene ese llavero. Todavía sigue siendo el único llavero que tengo.) Otra gente que conocí, más que nada por el internet, hacía DJ sets en ese bar frecuentemente, y tenían una selección bastante acogedora de música y cervezas (No sé si todavía existe, o si cambiaron de giro y ahora es un bar gay donde los hombres buscan a otros hombres para besuquearse en un taburete manchado de cerveza y sangre seca, derramadas en un pleito entre triángulos coplanares súbitamente enamorados).

No lo sé,

esa vez, me gustó tu fiereza infranqueable.

Lo seguí pensando años después que te buscaba a tu casa para ir al festivales; por algo de comer, o todas esas veces que intenté hacerte de comer para convencerte de lo evitable[13]. A veces se tiene que forzar a que ocurran las cosas, supongo. Aquella vez, como siempre, me inundaba la idea de acariciarte la espalda, pero no lo hacía por miedo al rechazo. *"¿Por qué estaría ~~Aquadquitna~~ interesada en mí? No, Orlando, déjate de cosas. Déjalo así.".* Y así lo dejé. Siempre con una espina en la lengua que me queda por ahí enterrada, por años, hasta que estoy lo suficientemente nublado, porque siempre tengo dificultad de verte... sobreinterpretando las pausas y los silencios. *"¿Está siendo sumamente agradable conmigo, o estoy alucinando?"*; *"¿Me tocó el brazo a propósito o está muy lleno de gente este pasillo?"*; "¿Me dijo que la acompañe a su alcoba porque tiene mucho sueño?".

Ver que existíamos paralelos a pesar de los planos anacrónicos.

Obviamente, yo tampoco lo hacía muy bien. Nunca sabía qué hacer. Nunca he sabido qué hacer.

---

[13]Tiendo a olvidar muy frecuentemente por qué hago las cosas a veces: ~~Quería ir al CoRoNa a escuchar a AshnoPid~~ lleno de tierra, con la garganta echa un desastre, golpeado y pateado; Cocinando arroz con mucho amor que nunca viste. No pude ver todas las bandas; todos los museos que quería: ~~Coherchy~~, ~~o ir a ver a Chrbrgd Canque ya~~ no son chéveres; no pensaba pagar dinero adicional para verla. Creo que no escuchaba absolutamente nada; solo veía sombras ~~(porque estaba muy lejos y estaba muy ocupado viéndote el trasero)~~; Escuché y vi un poco de ~~MBergiwaut~~, cuando no sabía que quería verlos y escucharlos, ~~mientras tarareabas ONcArmaHbarfs~~ en tu carro; y nos alejamos para encontrar esas curvas implacables en medio de la jungla; aquella vez, perdiste un chal; los estribos, que apreciabas mucho; y antes de que

Fuiste, entonces,


un abismo.

---

llegara el tranvía, me pediste ~~un beso~~ silencio, pero afortunadamente ~~algún vecino de buen corazón~~; se hizo de mañana antes de lo esperado, y puso el chal en una baranda; Vimos a ~~Full Name~~, juntos. Escuchamos ~~Von Welcome~~ juntos que siempre; ~~siempre~~; a veces, tristemente *me va a recordar a ti.*

De todos los abismos en esta gran tierra, tu representaste el único abismo que me aterraba más que el que crucé para convertirme en un inmigrante y cambiar para siempre mi vida.

Miento.

De todos los abismos, representaste un abismo del que me dio miedo saber la respuesta de lo que había allí en el fondo. No saber la respuesta es lo que me mantiene vivo y lo que me mantiene con ganas de seguir viviendo en esta realidad inconclusa: Encontrar abismos más profundos y más oscuros, para perderle el miedo a saber qué es lo profundo y qué es lo oscuro. Sin embargo, tú representaste uno de esos abismos que no me había atrevido a explorar, porque ponen en duda lo único en lo que creo: Que yo tengo la razón; y que nadie me va a querer nunca. Porque mi ego es demasiado frágil para aceptar que puedo fallar y que sí, todo fue un error, y que todo estaba *en mi mente*.

Aún así, cometí más errores,

con el tiempo.

Equivocándome también he aprendido a evitar lastimarme con relaciones nocivas que hacen más daño que comer elotes bañados en agua sucia, aderezados con mayonesa coagulada por polvo de colectivo, queso cotija hecho bolas en el envase, y chile piquín endurecido por los años: Después del tiempo que viví con aquella otra norteña que se me cruzó casi para siempre en la vida, con aquella con la que encontré lo que necesitaba entonces, aprendí que el amor también se esfuma y que el aburrimiento nos devora más pronto que las hojas de las palmas hundiéndose en la ciénega oscura; aprendí a no tener que ceder siempre a todo, que no hay que desenvainar las navajas para cortarnos la garganta y que ya no haya berridos saliendo de nuestros burdos hocicos cuando *no pasa lo que yo quiero*; aprendí a no tener que pretender interés o preocupación para *que me quieras* `por siempre` — que también puedo ser apático a veces, y que nadie me va a dejar si contradigo lo anterior, (eventualmente); aprendí que no tengo que saber todo - para siempre(,) ganar. Que está bien ser ignorante a veces, y a decir *"no sé, dime tú, que de eso yo no entiendo"*; aprendí a ser más paciente, como para enredar el hilo en el ojo de la aguja, y coser lentamente las fibras de algodón y poliéster del telar *que somos tú, y yo, y que se van a romper...* y hay que enmendar cada cuando; cada caída, cada pérdida; aprendí que no sé si todavía quiero echar raíces como los otros homínidos y envejecer esperándola, por siempre; aprendí que está bien ser una pérdida de tiempo para alguien, y perder el tiempo con alguien, porque el tiempo es aire y el flujo trae hojas menos verdes cada nuevo otoño. Aprendí que el tiempo es agua y hay que dejarlo correr; `dejar que el` `pasto, las hojas, el agua del riachuelo afuera de mi casa,` `el maíz que crece en la pradera atrás de mi casa que no sé` `quién siembra cada año y que dejan ahí, se sequen y se` mueran... pero como todas las indefinidas piezas de rompecabezas que siguen estorbando en la fotografía, tenía que esperar a que todo cayera en su lugar.

A su tiempo.

En su momento.

Después me fui a ██████, a cometer más errores, contigo: Aquellas veces que por mucho tiempo maldije por tener el infortunio de atravesárteme en el camino. Aprendí tanto en tres años en los que lentamente floté en el manto freático del océano en el que nadamos descalzos y sin rumbo, siendo... cuando te conocí, cuando eras glacialmente fría y antipática pero con corazón noble, si bien difícil de entender; fuiste esa que no tenía eso que te hace quererle hacerle a un desconocido café por la mañana, aunque no te guste el café; la vez que en realidad no me dejaste en medio del bosque, porque *"ya estás cerca y yo tengo cosas que hacer mañana"*, y que realmente solamente amalgamé las frustraciones acumuladas por no entenderte; alguna vez, removida de emociones y sin sonreír para hacer la discusión más fluida, si no sentías ganas de hacerlo, porque eras fuerte e independiente, y porque *"no me estés chingando ahorita, Orlando, por favor"*, te largaste; algunas vez, fuiste fantasmas que desaparecieron de mi vida, sin explicaciones; aquella otra vez que desaparecí de su vida, de repente, sin explicaciones, cual fantasma, y no me buscaste; alguna vez, que no estabas en ninguna enciclopedia, diccionario o página de Internet, y me daba rabia no hallarte; otra vez que te quería en mi cama, y tu no me querías en la tuya, ni siquiera para platicar sobre las rocas que viajan a través del espacio sideral; las veces que me quería en su cama, pero que yo no quería estar en la suya; ciertas veces que nunca entendiste mi percepción de la vida, y me ignoraste; otras veces que me hiciste aprender más de lo que necesitaba de la realidad de las cosas, y te convertiste en amuletos de amor no correspondido que se fueron despintando, conforme otros amuletos se apilaban y llenaban mis cajones que se hicieron basura; aquella vez que te conocí demasiado tarde, con tu espíritu gigante, más agudo que todos los sonidos del sistema solar combinados; algunas veces, la vida te pasó como agua de río y viviste eternamente atrapada en el ciclo de no saber nada; muchas veces, llena de talento, y causando mi inmediata admiración, me dio miedo hablarte; pocas veces, nos conectamos en algunas cosas muy profundamente, pero terminaron siendo un hilo muy corto y muy delgado que no me sirvió para coserme el corazón en su momento, y que fue mejor dejar descosido como estaba todo antes de que llegaras; unas veces, te tuve que dejar ir, para seguir existiendo por nuestras cuentas separadas; otras veces, me dejaste ir y nunca entendí por qué, ni cuándo, ni cómo...

Esas veces que me hiciste dejarte ir cada tanto tiempo y en un segundo, te convertiste en polvo y tuve que aceptar que *ya no estás.*

Porque yo, tampoco.

Porque, yo tan poco.

Ya no estoy, *nunca.*

Siempre estoy fuera del sótano; en un aeroplano cruzando mares y montañas que apenas veo porque la ventana siempre va cerrada, o va abierta cuando el sol está en el cenit y me duelen los ojos porque quiero dormir tan solo un minuto; en un hotel que tiene gente viviendo igual que yo, estando en todos lados y estando en ningún lado (importante, en serio). A veces, estamos perdiendo cumpleaños. Otras veces, estamos cancelando citas, pero siempre, constantemente, terminamos desilusionando a aquellas personas que nos tenían cerca del corazón; otras veces, estamos cambiando vidas ajenas que no nos importan (tanto, en serio), pero nunca realmente germinan brotes que serán árboles un día, más bien son como hojas para resbalarse en las súbitas lluvias de junio... y de repente, me convierto simplemente en un fenómeno meteorológico aleatorio, como recoger espárragos en el campo en primavera los días que no está lloviendo (tanto, en serio). Me convierto en un fenómeno aleatorio, descuidando las veinte paredes que me delimitan y que por fin pude llamar "mi hogar": Porque ya se me secan todas las flores y las tengo que tirar porque no les puse agua; o el sol apenas iluminó la tonta esquina en la que las dejé toda la semana; porque se me secó mi planta de cilantro porque no aguantó el terrible invierno que se avecina cada vez más denso, más oscuro, más triste, más todo; porque el tapete que me regalaron los ancianos esos que vivían tan lejos y tuve que visitar varias veces, hasta que nos dimos cuenta que no podía traerlo de vuelta porque era muy pesado, y me lo dejaron una mañana de lunes, y me di cuenta pronto que empezaba a oler a humedad porque se me olvida seguido que vivo en un sótano; porque se me olvidó sacar la basura la vez pasada que me fui, y ahora todo huele un poco a los empaques de carne que se van muriendo poco a poco en el cesto de basura; porque dejé ropa interior regada en el baño, y un poco de polvo se asentó en la losa del lavabo, y todo se me hace que se ve sucio, y tengo que empezar a limpiar en cuanto me de cuenta que no tengo sueño y que no dormir cuarenta y ocho horas es un absoluto fastidio; porque el cactus ahí sigue, viéndome cuando llego, porque apenas otra desértica soporta los maltratos de los omnipresentes pero invisibles de vivir en el constante olvido. Porque la ausencia se convirtió en la presencia real de mi entorno inmediato, y de repente sé que lo único que puedo hacer para *estar*, es no estar en absoluto.

Y nunca estar es lo único que sé que está,


en mi vida.

Abgeiladpktesuua,

quisiera decirte todas las mentiras del universo, bajar el sol y la luna
con el mismo hilo, y coserte el corazón con las venas del mío, para
resonar siempre como un pulso cardíaco sincronizado al compás del
viento innocuo del norte. Quisiera hacerte creer que todo lo que lees
es verdadero y que no es una fiebre de amor pasajero[71], de las que
siempre nos pasa a los que sentimos más de lo que pensamos y
escribimos más de lo que actuamos. Quisiera decirte esas cosas
hermosas al oído sin reírme por lo ridículo que suenan una vez que
dejan de ser notas en mis libretas y las tengo que poner entre los
dientes y la lengua, para que no resuenen en mi cabeza y se depositen
en los huesos que tienes en los costados de la tuya, o en los glóbulos
que son iluminados por patrones de tinta sincronizados para significar.

Quisiera que supieras todo lo que veo a pesar de

el tiempo,

el espacio,

los océanos,

la vida.

Que sepas todo lo que nos separa y que no podemos cambiar porque
todo está en medio, y nosotros estamos     en husos 1.0cm opuestos.

---

[71]pero siempre son fiebres que se esfuman, ¿cierto?

39

*Quisiera que fueras mía y atraparte para que es-*
*tés siempre entre mis letras y no me abandones*
*con estas letras iluminando otros ojos hasta que*
*el sol deje de respirar luz incoherente.*

¿Pero,

                                        *por qué?*

–       Preguntarás.

Por mucho tiempo creí que quería ser artista; pianista yo ; *una mancha en el suelo.*

De esos que pasan las tardes en el café más concurrido de la cuadra, en un pueblito que nadie quiere acordarse como se llama, discutiendo la brevedad de la existencia so lerdos, so ebrios, y que regresan pasada la media noche a una cama que siempre está un poco fría, un poco dura, un tanto orinada (por el tiempo y por los gatos). Nunca me sentí *suficiente* para sobrevivir en la vorágine de los artistas y los poetas, así que tomé la ruta fácil y terminé escribiéndote cartas de amor en los aviones para matar el tiempo entre comisiones cruzando el Atlántico. Si quisiera vivir esa vida contigo, tendría al menos que entender si tú también te dedicas a... ¿Escribir? ¿Dar clases? ¿Estudiar? ¿Trabajar medio tiempo vendiendo paquetes vacacionales? ¿Educar niñas con tu humor único? ¿Cuidar niños cerca del lago? ¿Arreglarle la vida a hombres inútiles? ¿No es exactamente lo que hacemos todas, todos los días?[14] Sin embargo, nunca he sabido qué haces *exactamente.* Supongo que, también, escribes en tu tiempo libre; nadas en la piscina esa donde me dijiste que comiera más vitaminas; andas en bicicleta sin pensar en que te puedes lastimar si lo haces muy ebria, como hacías cuando no sabía de ti hasta muy tarde el lunes *por la noche.*

---

[14]Creo que debería preguntar eso cuando te conozco, si no me da vergüenza preguntar por segunda vez.

*A veces, quisiera saber si estábamos hechos el uno para el otro, escribiéndonos palabras todo el día por el resto de nuestras vidas, complementando tus letras; tus llantos; tus sonrisas con mis colores mal complementados.*

Supongo que interpretas a aquellas que no pueden hacerlo por sí mismas. *Supongo que estás diseñando en Canadá*, o haciendo tu doctorado en España. Supongo que le das una voz a las mudas y que luchas, lento, por los que tienen que ceder siempre a las circunstancias del perro capitalismo. Admiro muchísimo que quieras pintar a los invisibles y hacerlos reales, porque yo también fui mudo mucho tiempo, y alguien como tú me hizo tanta falta. Alguien que me cantara esas canciones que nunca me gustaron pero que me recuerdan tanto a tu presencia en ese sótano. Alguien que hablara en mi código desconocido y se riera a carcajadas de nuestros sinsentidos inventados.

Gracias por ser la voz de tantas ocasiones en las que estaba callada, a pesar de los terrores nocturnos de la incertidumbre de estar alineados cosmológicamente.

Quisiera escuchar música; bailar extraño contigo toda mi vida.

Aunque no escuchemos; bailemos exactamente lo mismo. No me encanta A̶r̶c̶a̶d̶e̶ ̶F̶i̶r̶e̶, a veces no entiendo a M̶a̶z̶z̶y̶ ̶S̶t̶a̶r̶ y por qué la amas. No creo que entiendas mi obsesión con N̶a̶t̶a̶l̶i̶a̶ ̶L̶a̶f̶o̶u̶r̶c̶a̶d̶e̶ porque no estabas ese primer diciembre en S̶a̶n̶ ̶F̶r̶a̶n̶c̶i̶s̶c̶o̶, cuando las vi por primera vez, y empecé a berrear como adolescente cuando empezó a sonar H̶o̶l̶o̶c̶e̶n̶e̶ y al terminar, vi por primera vez la nieve y sentí frío de verdad por primera vez en mi vida, esperando la madrugada ascendente. Descubrí (muy tarde) que la música no es algo que determine a quién sí y a quién no quiero en mi vida (y dios les libre, en mi cama).

Alguna vez, estaba tomando cerveza y cenando con otra t̶r̶i̶b̶u̶ distinta. La plática era un poco sosa, pero me encontró interesante (por algunos días), y yo caí fácilmente en el ciclo de azotarme y esperar, estúpidamente, que eso fuera una razón suficiente para que me quisiera. Para lograrlo, yo parloteaba algo sobre lo difícil que es vivir en G̶u̶a̶d̶a̶l̶a̶j̶a̶r̶a̶, y hablaba sobre integrarme, que siempre voy a ser un "foráneo"; que la casa no es algo que exista; que estoy solo y que solo me voy a morir así: Ya sabes, las cosas que siempre digo para provocar un tanto de ternura y lástima como si me hubiera atropellado un automóvil y cojeo un poco a pesar que no estoy herido. De repente, me puse triste porque escuché una canción de M̶a̶s̶s̶i̶v̶e̶ ̶A̶t̶t̶a̶c̶k̶ en el restaurante, y ella no entendía de qué estaba hablando.

Empecé a balbucear algo sobre extrañar a ciertas personas con quienes podía hablar sobre música, que qué difícil es sentirse parte de algo o de alguien, y que antes tenía eso, y de repente lo empecé a perder, y de repente tuve que empezar de nuevo. Ella, atónita, me observó, tomó una papa frita y se la puso en la boca, y me dijo simplemente:

*Ajá... qué difícil.*

"Pues sí. Bastante." – Murmuré entre tragos de cerveza turbia.

*Ahí, en ese momento, no supe si aquellas oscilaciones del aire se convertirían en una razón para ignorar por siempre que existen* otras.

A pesar de tu pobre apreciación por el vallenato; las cumbias rebajadas, que debería ser mayor en general, creo que no es necesario que te indoctrine algo que tal vez, no entiendes porqué... a pesar de eso, creo que podría pasar toda mi existencia escuchando viniles viejos guardados en una caja de cervezas bávaras recolectada de la calle, tomando cerveza, o vino, o un mate (para mí, o para tí, porque ya sabes que me emborracho fácil con la champaña barata y te saco en un día lluvioso a ver la lluvia mientras caen rayos en el prado); quemando esos inciensos horribles que odio, mientras me quejo que esos discos estaban rayados, que me hables del socialismo; de tu última obra; de tu examen próximo, que me hables de cómo te fue en tu día; de cómo tus planes a futuro no me incluyen; yo hablando de números y pan duro; de fantasmas viejos y de tótems sagrados; mientras tanto, el vinil empieza a hacer ruiditos y me quejo. Y sonríes. Y me quejo más; y tú bailas, Y ya no me quejo. Por que estás a mi lado.

Mientras sea contigo. Me gustaría compartir eso, contigo, más seguido. Idealmente, por mucho tiempo. *Hasta que te hartes. Hasta que te canses de las idiosincrasias, de los pleitos por la guitarra quebrada colgada en la pared, que no significa nada para ti.*

Por los aguacates que tienen tres semanas en el refrigerador y que nadie se comió...

Porque ya no te quiero.

*Porque ... qué error haber empezado todo esto.*

Aún así, adoro tu sentido del humor.

Alguna vez, me dijiste *"Ay, es que me gustaría ser chistosa... pero supongo que mis sentido del humor no se traduce bien"*. Es complicado encontrar sentido del humor en donde estoy viviendo también, te entiendo. Me gustaría entender mejor lo que dices y no quedarnos siempre con las letras perdidas entre idiomas que no compartimos. Que se nos olvide que ya no estamos viviendo en donde nacimos, y que nos convertimos en aquellos que van a aventar flores de cempasúchil cuando se nos acabe el aire, porque desconocemos lo que llamamos "mi tierra", y lo que no sea *eso* que recordamos se convierte lentamente en odio, y gritos sordos entre aves, en contra de todo lo que no entendemos y nos da miedo. Sin embargo, conservo un especial cariño por la gente que habla español cercano al mío (ahora más que nunca, ahora más que antes). Por eso conocí a la M̶a̶r̶i̶ ̶G̶a̶b̶r̶á̶ y por ella te conocí a ti.

A veces, extraño tantas cosas bobas que no puedo encontrar en otras: Nuestros contextos pasados; la metaconsciencia de lo que nos rodea, los espectros que se quedaron en las vajillas de las abuelas. Cosas de idiosincrasia latinoamericana y de gente quebrada por tantos individuos que nos hacen pedazos pero que nos revivieron (alguna vez); individuos que extraño muchísimo todos los días, y que encuentro en ti, cuando las circunstancias lo permiten.

A veces, no tengo que explicarte absolutamente *nada*.

Me fascina tu salvaje necesidad por ser libre.

Por ser sola.

Recuerdo, aquella vez, que me platicaste de alguien que empezó a dejar cosas por ahí regadas en tu casa, y de repente dijiste: "*Ah, no, cabrón, esto no va a funcionar así, lárgate de aquí*". O algo parecido. No te miento, a veces he hecho lo mismo. Tengo viviendo realmente sola cuatro años apenas. El simple hecho de pensar que tengo que compartir *mi* espacio con *alguien* por el resto de la eternidad, me pone los nervios de punta y me hace pensar *que no estoy preparado para eso*. Ajustarme otra vez a pequeñas particularidades de otras personas, y sobre todo estar pensando todo el día si ronco muy fuerte, o si huelo demasiado mal y mi tono de voz es molesto; estar pensando si debería tener el termostato a la temperatura adecuada para la otra, o si debería pensar en que no puedo dormir si tengo calor porque no puedo dejar de pensar en el hecho que tengo calor en los pies.

Pero todos nos cansamos de eso y también queremos a alguien por ahí, a veces. Que tenga té de manzanilla con limón, a veces. Que tenga crisantemos, narcisos y dientes de león en la jarra, a veces.

Que es(té), a veces.

*Quisiera saber si podemos compartir una misma*
*cueva sin ahorcarnos por la posición del ventilador*
*y tomar agua de limón con menta después (pero*
*con poca azúcar, porque ya estamos gordos)*;
quisiera saber si se nos va a olvidar,
eventualmente, que hay muchos cuchillos en
la alacena.

*Pero estamos tan...*

...lejos.

y los cuchillos tan afilados...

¡?

Sé que te gusta pensar, y las palabras.

Y escribir.

*Y no entiendes números.*

Y Japón.　　　　　Y el español.

Yo encontré amor por el español estando alejado de él, como siempre sucede con querer solo lo que uno no puede tener. Cuando escucho las voces inquietas de las foráneas que con dificultad pueden pronunciar eso que para nosotros es caminar en la arena mojada tras quemarnos los pies en camino al agua salada, viviendo en ese fuego que tenemos adentro, que nos hace gritar como desquiciadas cuando estamos ebrios; reír fuerte por tonterías inconsecuentes, muy a pesar que todo está en llamas alrededor, acá en el mundo real; sonreír a todos, aunque el peso de la tierra nos esté derribando por abajo del asfalto y las rocas del camino largo nos magullen los pies cansados: Todo ese calor que no existe (en ellos) y que le causa tanta rabia saber que nos supura, a aquellos que no lo tienen. Y lo entiendo. Aprecio las obsesiones, por las mías propias. Alguna vez quise hablar obsesivamente en símbolos contigo, pero preferiste no hacerlo. Otra vez, quise preguntarte sobre el futuro, casi como cuando empezamos a hablar que me quería ir del país, pero tú no. Algo así, me quisiste decir. Tristemente eso me quedó enterrado como espina en la yaga: El pensar que uno no es digno de hablar de *eso*, es peor que pensar que algún día nos vamos a convertir en polvo y agua y aire sucio, y que saldrán frutas de las ramas de los árboles que rodean nuestros sepulcros. Sin embargo, con el tiempo, entendí que no todo es tierra. Que no todo es un juego de quién se obsesiona mejor. Que las lenguas claras están por encima de todas las letras sobrepuestas que quería que ensombrecieran el aquí; el ahora.

Me gustaría escuchar

todo lo que piensas

de los acentos

de la composición química del adobe.

De la ñ.

Me encantaría leerte diario aunque sea a través de diodos
orgánicos luminosos y saber qué tienes escondido entre tus ojos
~~marones verdes azules~~ que no puedo entender por más que intento observar lo
que reflejan (solo veo nada): Historias que fueron alguna vez comunes,
y que de repente se convirtieron en memorias pasajeras de un pasado
que no quería volver a observar. Tiempos diferentes que convertiste de
prosa vulgar en poesía. Desiertos. Estructuras (y no tantas).
Portadas.

Me gusta tu mente.

Me gustan tus caderas.

Tu culo. Tus cejas. Tus quejas.

Me gusta que a veces me ves a los ojos y que a veces yo no puedo. Tal
vez por un estúpido sentido de vergüenza o porque no pueda mantener
mi atención fija en un solo objeto por más de seis segundos... Me
gustan los pelos de tus brazos, ese mar infinito de pecas y
lunares que tienes en toda la geografía de tu cuerpo. Me
gustan tus estrías que son como recuerdos que todo se acaba, y todo
se raya, lentamente, hasta que nos convertimos en una maraña de
rayas que se deshacen con la tierra misma, en puntos eternamente
descompuestos por otras rayas, que nos devuelven a las rayas pintadas
en la galaxia donde orbitamos indefensos del tiempo. Me gustan tus
rayas. Me gusta tu fiereza infranqueable y que cada que te veo, eres
otra distinta. Que siempre cambias. Que a veces, estás. Que no
siempre puedes, y me gusta que existas, pero a la misma vez, seas
exactamente el mismo fenómeno meteorológico en mi vida que a veces
puedo predecir, porque tengo que visitar a los viejos; porque quería
ver el mar otra vez; porque estaba desesperado y quería

`culearme a alguien;` y a veces *llueve* sin que uno lo espere. Otras veces, simplemente porque me quedas cerca. Pero casi siempre, y más en cuanto la vida me diga: "BASTA", y tenga que por fin quedarme estático porque la vida no me permite moverme más, vas a estar demasiado lejos.

Posiblemente me gustas por que estás lejos. Y que también eres sola (¿Creo?)[15].

Quisiera hacerte café todas las mañanas, decirte que todo va a estar bien, que chinguen a su madre todos. Decirte que mejor hay que quedarnos a ver películas rusas de la era soviética descargadas ilegalmente mientras hago panquecas con queso crema y dulce de leche derretido. Decirte que voy a llegar temprano porque ya estaba harto de darle soporte emocional a los viejos infelices que tienen meses pidiéndome más atención de la que la longitud de los ceros de mi cheque permiten, y decirte que ahí te veo, que yo voy por tomates y cebollas; que posiblemente todavía haya cilantro de la semana pasada, y que posiblemente haya algo de tofu congelado para hacer sopa. Quisiera *estar*, pero estar de esa manera que no se está para no atiborrar el cesto de la paciencia con cosas naturales de la vida en convivencia, que enfadan y al final hacen que queramos volver a estar *solas*.

Pero así somos, A̶g̶t̶a̶x̶a̶d̶o̶p̶k̶t̶e̶s̶u̶a̶n̶, somos personas solas y no queremos nada de eso del falso sentido de pertenencia... ¿Cierto?... No podemos hacer nada de eso. (¿Cierto?)[16]

---

[15]También la soledad cansa y `tú también te cansaste de estar sola.`
[16]Tal vez no, `y de repente, tendremos que estar solas, aparte.`

Y (creo que) puedo vivir con eso[17].

Creo que más bien eres una esfinge de una idealización que me hice de lo que quiero en mi vida.

Semánticamente, quiero decir que te convertiste súbitamente en un objeto de admiración, y que después de un tiempo, me di cuenta que solamente vertí vino en una copa que estaba rota, y que se derramó por completo en el suelo, en la tierra, entre piedras; en el cinismo de alimentar sangre con sangre, antipáticamente sumergido en soledad y objetos. Vertí más vino en más agua, esperando recuperar el sabor a través de las raíces. De la misma manera que no se revierte así el vino, supe que nunca vas a ser mía, por que no eres de nadie, salvo tuya. Tú eres tuya, y así te admiro y te dejo en el pedestal de lo que quería en esta vida, pero que está tan separada de la tuya, que tenía que forzar el encontrarnos, aunque sea cada seis años, hasta que te canses. O yo me canse.

O nos cansemos juntos,

        y encontremos el amor, en otro lado que no sea la ciudad de los sueños rotos.

---

[17]Sí puedo vivir con eso[18].

[18]Y así, descubrió, que la soledad no se aprende ni se adquiere. Venimos solos: Nos acompañamos. Pero, algún día, nos vamos, y empezamos a caminar, solos; solas. Allá, en donde convergen todos los espíritusausentes, solas.

Porque te mentiría si no te dijera que

lentamente te estás borrando

de mi vida.

Tú _podrías_ ser mi estrella tintineante ~~norteña~~, sobre el cielo _desértico_ .

pudiste

norteña

Californiano

õ

[esta página ha sido intencionalmente dejada en blanco]

# grises

*"y de repente, había que llenar más papel con más
letras... con más ideas. Con más de tí."*

## Breviario

La libreta gris fue una observación de lo que estaba pasando por mi
corazón y cabeza a través de la redacción de las cartas a A~~ngh~~X~~ts~~~~us~~~~na~~.
gris es, por lo tanto, una representación semiótica (en forma más
poética) que escribí para expresar y convertir cosas en mi cabeza co-
mo reproducciones *subjetivas* de lo que estaba sucediendo en el mo-
mento de estar perdidamente enamorado de un instante súbito. Como
referencia, gris empezó a escribirse al mismo tiempo que empecé a
escribir las cartas. A lo largo del proceso, empecé a sentir distintas
cosas que tenía que plasmar en algún lado. A veces me sentía por los
cielos, como cuando uno encuentra algo que tenía perdido entre los co-
jines del sofá. *A veces, me sentía por debajo de la tierra y que todo se
me caía encima del sepulcro. A veces, no me sentía en ningún lado.*

Muchas veces, me sentía en todos lados.

La enumeración reproduce más o menos el momento en el que ca-
da una de las piezas que componen la libreta gris fueron escritas,
en orden relativamente cronológico. Algunas cosas ni siquiera
pertenecían a ~~Araejhbltesausa~~ , y empecé a perder la cuenta,
conforme se empezaron a desdibujar las líneas de la existencia
de ~~Araejhbltesausa~~ , comparada con todas sus transmutaciones
y espejismos en otras tantas, que nunca estuvieron, que
nunca fueron, y que eventualmente, dejé de lado porque no
las entendí en absoluto.
Grises es un versión editada para tergiversar *todo*.

Y así, empieza.

Si te digo que
eres principio y fin,
¿Te ofuscas *toda*?

Ya nadie escribe cartas.

Resultan terriblemente inconvenientes cuando todo está contenido en la distancia que separa los pulgares y el dedo índice detrás de vidrio templado: El conocimiento acumulado de siglos y siglos de simios desnudos que decidieron no estar desnudos (de repente) y ahora se han adueñado de todos los ríos, los lagos, la tierra y las rocas debajo de todos nosotros; todas las ideas, los pensamientos, las imágenes, los sonidos, los errores y los aciertos de todos los que estuvieron, los que ya no están y los que seguimos estando; de los animales, de los que piensan (y aquellos que no pueden hacerlo tanto); la colección completa de todas las canciones que nadie ha escuchado y las trece equitemperamentales deformaciones del aire que las conforman;

Absolutamente todo está aquí, ahora.

Y no tiene nada de malo.

Pero ya me pesa esperar.

Una de las cosas que no me exaspera de vivir acá, tan lejos, es lo monstruosamente retrógrada que es la comunicación a través del papel en este lugar. Todo está contenido en papel: En estantes que se llenan lentamente con carpetas, y carpetas, y carpetas, y carpetas, y carpetas repletas de papeles. Y no solo están ahí los papeles importantes, como las escrituras de las casas de los viejos; las cartillas de vacunación de los infantes; las actas de nacimiento; las actas de casamiento y las actas de defunción: Están también viejos documentos de

I

los ajenos tiempos de la universidad o de la milicia; declaraciones de
impuestos de año mil cuatrocientos noventa y dos; aquél recibo del
banco central de la ciudad por el concepto de pago de aquella vez que
tuvieron un accidente en Bangkok, y no entendían nada; la nota de la
enfermera que solo intentaba comunicarse en su mejor inglés quebra-
do, sin éxito, y que solo pudo escribirles *"¡Que se mejoren!"*; boletos
rotos de cuando viajamos aquella vez a ese pueblito al norte de Ale-
mania, allá donde vive una tal Ilona, o una tal Katrina; una tal Friedle
...

Ya ni nos acordamos, los viejos.

...Está también el papel que nos recuerda que hay *algo*: Significados
encontrado en la nostalgia del papel de $120\,\mathrm{g/cm^2}$ apilado y marcado
perfectamente en la secuencia de eventos en la que nos ocurrió la vida.
Memorias que apenas se pueden llamar *memorias*, porque ya solo
quedan franjas infinitesimales de algo que era, y que ya no es. Algo
que ya no está. Algo que se esfumó para dejar más espacio a lo que
está sucediendo en este instante mismo. Hoy.

Hoy. *Recordar que hoy, es nunca y siempre a la vez.*

Acá, estoy yo. Y mis papeles. Son pocos los papeles que me
quedan en mi apartamento: En el armario, tengo una carpeta gigante
de piel sintética, donde se encuentra el título de mi licenciatura; mi
acta de nacimiento; la cartilla militar; la clave única de registro de
población; algunas copias certificadas que pensé que iba a necesitar
algún día y me apresuré a traducir con ese individuo que no estoy

enteramente seguro que haya sido un traductor notarial certificado; los primeros documentos que me envió el banco cuando recién iba llegando, y que nunca supe si tenía que guardar o no; el recibo de mi primer salario, de cuando trabajaba en una maquiladora para comprarme un reproductor de música portátil, con pantalla a color y rueda para navegar por las canciones descargadas ilegalmente de sitios en Internet de mala reputación; registros de la ciudad que hice cada vez que me moví de apartamento[19]; una carpeta pequeña con documentos del seguro, que no he vuelto a utilizar.

En casa de mis viejos, tengo un cajón con viejas libretas con dibujos; cartas de viejos amores que no he vuelto a leer; estampas de bandas que escucho hace años; revistas de videojuegos en inglés que me costaban el triple de las revistas en español, pero que me hicieron romantizar la cultura norteamericana de los años noventa; cintas viejas de videos grabados en la televisión, para aquellas ocasiones en las que cortaban la televisión por cable, y tenía que entretenerme en las calurosas tardes mochitenses.

Cajones llenos de nostalgia que no quiero

recordar

a veces.

Y todo son papeles.

---

[19]Excepto aquél que me tomó ocho meses cambiar, por huevón, y que terminé teniendo que pagar quince euros por tramitación tardía, además del regaño de la anciana de la oficina de registros, visiblemente decepcionada por mi falta de seriedad ante la burocracia teutona.

Papeles que algún día se irán a un contenedor para ser
reciclados, y convertirse en más papeles que algún día
se irán a un contenedor para volverse más papeles que algún día se
irán a un contenedor para ser reciclados, y convertirse en más papeles que
algún día se irán a un contenedor para ser reciclados, y convertirse en más papeles que
algún día se irán a un contenedor...

Todos terminamos siendo papeles, querida ~~Alejandrísima~~.

En este momento, solo me convertí papel y tinta; vine en otros pa-
peles a ti, ~~Alejandrísima~~, sin poder verte o poder escucharte. O poder
sentirte, y estar. Vine a vomitar palabras en 32 páginas, que espero
sean gratas de alguna extraña manera. Redacto esta parte en post-
edición, removiendo trozos que no tenían que viajar necesariamente
nueve mil trescientos cuarenta y nueve kilómetros porque están bien
aquí, cerquita de mí, como quisiera que tú estuvieras.
Pero así es la vida vacía de ser de papel.

                *para*               *ninguna*
~~Todo~~ *aquí* ~~va sin~~ *dedicatoria* ~~porque absolutamente~~ ~~toda~~ ~~se trata de~~
~~ti.~~ Por lo menos, surgió entre el momento en el que te volví a ver,
hasta un poco de que salgas de mi sistema (espero, completamente),
como una reacción febril a la serotonina excedente de haberte visto,
escuchado, sentido y estado, hasta que nos volvamos a cruzar.

Espero que sea tuyo, y de lo contrario, ya sabes a dónde tienen que ir
los papeles.

~~Siempre estarás dentro de mi corazón y de mi mente, Alejandra.~~

õ

¿Por que resulta
complicado creer en
amores fantasmas?

A veces me embelesa la idea
de la correspondencia del afecto,

           por conveniencia,
           por convivencia,
           por el silencio,
           supervivencia,

por miedo a solo            *morir,*

y dejar una tumba sin cempasúchiles ni banda el dos de noviembre,
y habitar un sepulcro sin gardenias creciendo salvajes en marzo.

*Vienen los vientos fuertemente agitados.*
*Contestar so automático, so preciso,*

Con el romántico procedimiento de ser indiferente al ver lo más vivo,
por llevar a la tristeza a un rincón menos vacío que un beso tibio,
por amarrarlo entre saliva, pegamento y que llegue a tus manos para

Vivir mejor en silencio

*Vivir      mejor      sin      correspondencia...*

Y llenar todo ese espacio entre las letras que rellena el océano Atlántico de ballenas y plancton;
tu imagen como fragmento de mi imaginación teñido en falsas dicotomías formadas en todas
las conversaciones de texto donde solo el viento sopla al oeste; que fueron solo las ideas que se
clavaron entre los dedos por temor a encontrar NADA.

Nada mejor que tú.

Y no he podido. Y por dios [sic] que he intentado y simplemente no he encontrado
a una pinche norteña que hable en mi lengua, que escuche tambora y se embriague

como (quisiera) yo.

*Pero me ahogo en letras...*

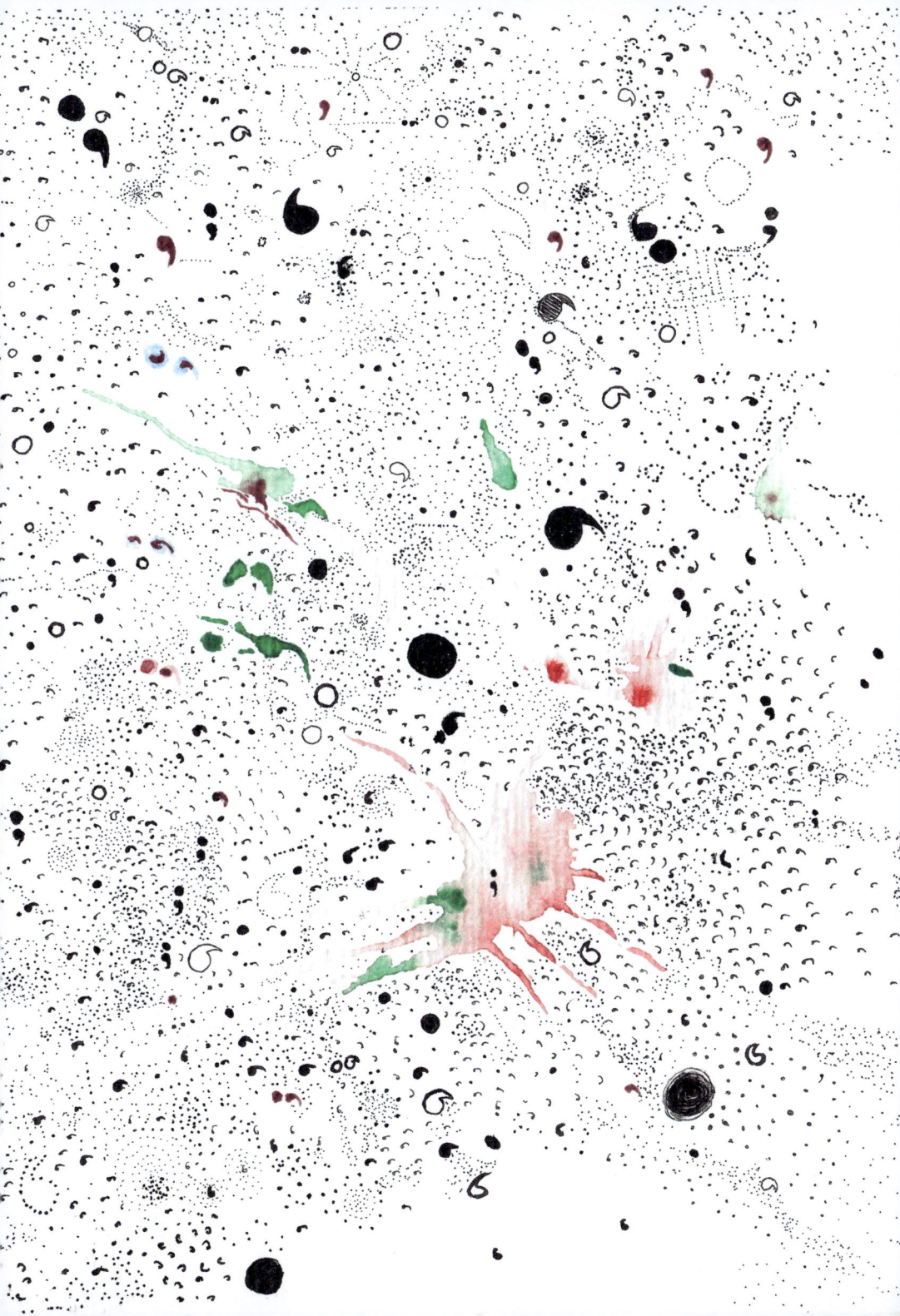

                                    Mar infinito
            *ahogada*        en palabras,
                        puntos y comas.




            ;

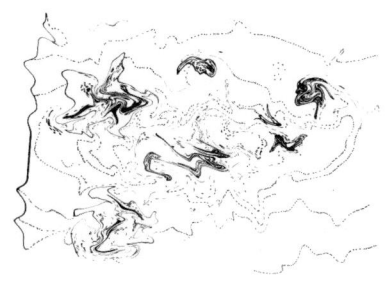

En paralajes de un arco por segundo,
podríamos medirnos iluminados
    por el mismo cuerpo celeste,
    lumbre eterna que nos incomoda,
    cuando proyecta las mismas sombras,
    gravitación y dinámica dictaminadas por la

    misma trayectoria de objectos masivos,

flotando en el espacio,
torciendo el          e  s  p   a   c   i   o     .

    contando los paralajes de arco por segundo
    atravesando la galaxia para poder, otra vez,

compartir    sombras    celestiales
de la lumbre que arde y nos ilumina
a veces,   a la misma hora    del día,
*pero más común que es no vivir tan cerca el uno del otro.*

" "

¡Vi un fantasma percolándose en mis pensamientos;

Vi a una fantasma. (siempre así) estaba vieja, huraña; cargando moretes en el corazón

Me llamó                          y a ella

más espinas mientras viajaba por el t        i        e        m        p        o

hasta mañana que aterriza.

fuera de fase.

fuera de tono.


ella florece (fuera).


s grita en tinieblas; (como tormentas en tazas pequeñas)

Olvidarás

Olvidaste          Olvidarás          Olvídame.

Olvidando                          Olvidarás

Olvidarás

Olvidar. Olvidando. Olvidase. Olvidare. Olvidándonos. Olvidar. Olvidase. Olvidarão. Olvidáis. Olvidándome. Olvidá

Olvidórás

xOlvidarás

Olvidarás        Olvidar


Poniendo letras en mis dedos y lágrimas que no se hunden

no importan en que montañas la amarro

ella flota

ella florece (fuera)                    Calla.


(fuera) de fase.

(fuera) de forma.


Solo tengo que dejar de alimentar a esa fantasma con más fantasmas. Quedarme. Callada.


Callaríamos.                    Calláréis.

              calló

Calle. Callados.                    Cállense.

se. Callare. Callándonos Callar. Callase. Callando. Calláis. Callándome. Callándonos. Callemos. Callemos.

                    Cállense.        Cállense.

              Cállate.

        Callar.        Canalla.

                    Callaré.

# espacio

las galaxias, se forman de polvo
y lumbre. Iluminación clara,
incoherente. Gravitación iner-
te esperaré en otra dimensión.


café por las mañanas y vuelvo
gladiolas en noviembre; tu cara
deslumbrante y el iris con pecas
de estar inmersa en tu mirada.


     a lo lejos, infinitos uni-
     versos paralelos, profundos en
     el fuego transparente que nos vea
     esperando que el        e  s  p  a  c  i  o
     sea


más pequeño un día de *mayo*.
          *agosto*.
          *septiembre*.


    ¿Cuándo?


           ¿Qué?

[interludio]

[interludio]

pulsos cada vez más lejanos y no quiero que el faro no alumbre más las esquinas del plano real, indómito de emisiones incoherentes sin rostro, olvidadas porque los gritos se hacen más severos y se me empiezan a olvidar cosas en las noche: Nuevos enemigos; botellas quebradas en el suelo; historias que se vuelven mitos y letras dobladas al vuelo del ave que no quería estar amarrada a su jaula. Nunca quise decir eso y aun así no es fácil dejar y esperar y que ya no exista nada donde tampoco hubo nada realmente, pero existieron esos ínfimos dos femtosegundos, llenos de cabello que no era el mío, polvo ajeno que se asienta en la lámpara por años hasta que decida que no tengo alergias (o tenga una visita que le molesta la indiferencia de mi pereza); recuerdo de espíritus viejos enterrados en máscaras santas: Habrá que quemar la pieza completa para volvernos retratos o sombras, nada más, aterrando el centro rotacional de amores nuevos que traen pastelillos más dulces y salsas más picantes o lavan la taza con menos cuidado, sin la paciencia de borrar todas las huellas digitales y toda la ceniza de cigarros fumados, y que mi rastro no sean vasos descoloridos, o una botella de Sake barato, sino simples sinapsis en el tiempo y tus ojos y tus cejas se barran debajo del diván, en sincronía con mejores letras (o peores), otros mundos, otras vidas, leyendo y fumando al pie de (lo que apenas podría llamar) un balcón y que, de a poco, se esclarece al fondo del jardín, entre caléndulas y cinerarias que apenas sobreviven estar bajo cero grados; pintan las (cada vez menos) **grises** veladas y negros contornos de árboles de la barranca que bajan solitarios y sobriamente nos acompañan aunque el planeta no nos deba nada, y nos deja las banderas que se iban a izar muy temprano, cuando el masochoquim se esfume cada vez más pronto, más lejos, más todos. Y entonces, cerca del pleno solsticio, nada será igual, porque todo habrá sido nuevamente desacoplado del estado mismo de la tierra y seremos las únicas almas vivas, hasta donde tengo idea, conservando la brevedad misma de esa tarde de enero en la que veneno y ponzoña, que no son la misma cosa, se volvieron la única razón para volver a entrar al espacio etéreo de dejarte y no dejarte ir. Porque el veneno está en la piel y la sudamos y estuvo en todos lados. El veneno nunca se ve salvo porque los colores no son tan apetitosos y hay que andar con cuidado de las ranas fosforescentes. No hace falta acercarse para que sepa que, aún nadando, el tiempo y el espacio no son nada, cicuta acuática, para dejar que me toques con tus flagelos, aguamala, y esperar infinitamente a que se vuelva otra tonta historia de mi no-muerte. La ponzoña, por otro lado, solo se ve de cerca, en la intención de la culebra y el tiempo que se desdobla y comienzan a escalar la pieza las arañas, sigilosas, lento. Lento. Lento. Lento. Lento. Más lento. Más lento. Más lento. Mucho más lento. Mucho más lento. Mucho. Más. Lento. Y de repente, todo oscuro. Porque uno ya está tan cerca del colmillo que es mejor rendirse y dejar que la ponzoña nos atraviese de la uña meñique del pie, por las rodillas, los muslos, los genitales, el estómago, dentro del tórax; sobre todo, en el corazón y en los pulmones. Los brazos y el dedo índice, los labios, los ojos y por último, en el laberinto que se traza entre terminales nerviosas (nos ponemos cuando es momento de no callar ese sentimiento clavado como... como colmillos... vaya, valga la redundancia, como dicen los viejos, cuando repiten y repiten, indefinidamente, la misma historia sin fondo ni forma; trazos de Alzheimer que empieza a destejer las telarañas para formas tejidos nuevos que no existieron, o que solo fueron distorsionados porque el cerebro es eléctricamente equivalente a un televisor viejo, averiado... como viejo averiado por los años de pensar tanto) y se resuelven en memorias vacías que al final del día, no son más que mordidas de un animal salvaje que retorna indomable a su terreno infinito de matar por vivir. Así, ni importa si uno fallece por veneno o ponzoña. Uno termina tragado por una bestia que nos cobija en el dulce, acogedor calor de los órganos internos, para respirar por última vez antes de recorrer un viejo pasillo que ya son más recuerdos que memorias. Olores en la ropa a cigarrillos mentolados que ya no tenían significado hace años, y cerveza derramada (por pendejo) mientras reía por imágenes tontas. Sonidos nuevos, familiares, que ya no tenían significado (y lo retoman (y lo vuelven a perder (y retornan y se vuelven a perder entre puntos(y comas), letras y signos de interrogación) una triste comparación con todo lo que estaba suelto y que tomó una ruta distinta, por esta ocasión (únicamente)) y se vuelve finalmente una memoria pegada al fondo de un placard que huele más a humedad que a perfume viejo mezclado con humo de tabaco, y todo se convierte en costras que duele más que quitar, que esperar a que el maldito, maldito t i e m p o se las lleve y las mezcle con fibras del pantalón rasgado, ese mismo que usé tantas veces y que ahora son harapos, y también la camisa del cabro culiado de Julián, que estoy tan cerca de hacer pedazos: Pero no importa, algún día nos vamos a volver a ver (¿Cierto?) y todo será como la primera y quincuagésima vez que nada más importa salvo que el agua es más profunda donde no hay tierra para detenernos a pensar y dejar de nadar y dar patadas de ahogada. Patear y patalear porque ¡Maldita vida! se interpone y tiene que interferir con todo lo que suene a felicidad y sea como si no existiera el tiempo y nada exista en el gran esquema de las cosas: Interferencia electromagnética que hace que las sombras tengan más significado de lo que pudiéramos inferir viendo la luz coherente por si misma. Qué va, que se queme el papel si es necesario, si todo se tiene que volver un patrón ilegible, que así sea. Si todo tiene que ser claro y las preguntas tienen que estar completamente puestas en cartas del Tarot cortadas y rebautizadas, para cantar tu historia y la mía, que así sea. En tanto que queden las cartas intactas: Que quede el tonto, "decrépito y vulnerable", para que no me quede solo, esperando para siempre, como un tonto, a que cambies de parecer y cruces el océano y estés para siempre conmigo; que quede el gerofante, para que la luna, los astros, y todo alrededor vierta su interminable sabiduría en mi frente y se expanda, de una vez por todas, hasta la esquina más recóndita del universo y no me falte nada, mientras espero que el gerofante me recoja y tu vuelvas a ser la alineación estelar que necesitamos para que no te escapes de mi tumba jamás; que quede la estrella, para reflexionar "¿Qué estoy haciendo aquí?" como tantas veces me pregunté a mi mismo, y aun así, saber hacia dónde hay que virar el velero donde por fin encontraré aguas menos saladas, desiertos menos calientes, piedras con menos moho apuntando al norte, serpientes con colores menos falsos, que sean menos ponzoñosas, a pesar que el orden del rojo las haga menos hermosas, y el orden de los dorados las haga más brillantes en el calor de la tierra donde jamás llueve, donde las estrellas por fin se vuelven un cúmulo brillante que para siempre estará encima de nosotros, iluminándonos; que quede, al final de todas, el puto mago, para por fin escucharme a mi mismo y que todo va a estar bien, Orlando. No todo está perdido. No todo es la oscuridad que hemos estado queriendo abandonar en un círculo que queremos hacer cada día más pequeño, insignificante. Matemáticamente, en un círculo que queremos hacer cada día más pequeño, insignificante, diferencial en esencia, como una espiral que nunca termina y se convierte, por fin, en todos los terrores de despertar sin tu cara devastada por la vida vacía que te forcé a llevar; que lo infinito se convierta en una discontinuidad para saltar al fondo del abismo que tanto temí, por años, y que se vuelva por fin la respuesta al universo, al tiempo, y a todo lo demás; ver hacia el cielo, mientras cada vez escucho más lejos tu voz que ya no grabas más para mí, porque ya están grabadas para otros oídos distintos a los míos; al final, solo dos fotografías, la que sales tú borrosa, y donde sale solo mucha ceniza mía, y para siempre quedan tan solo los

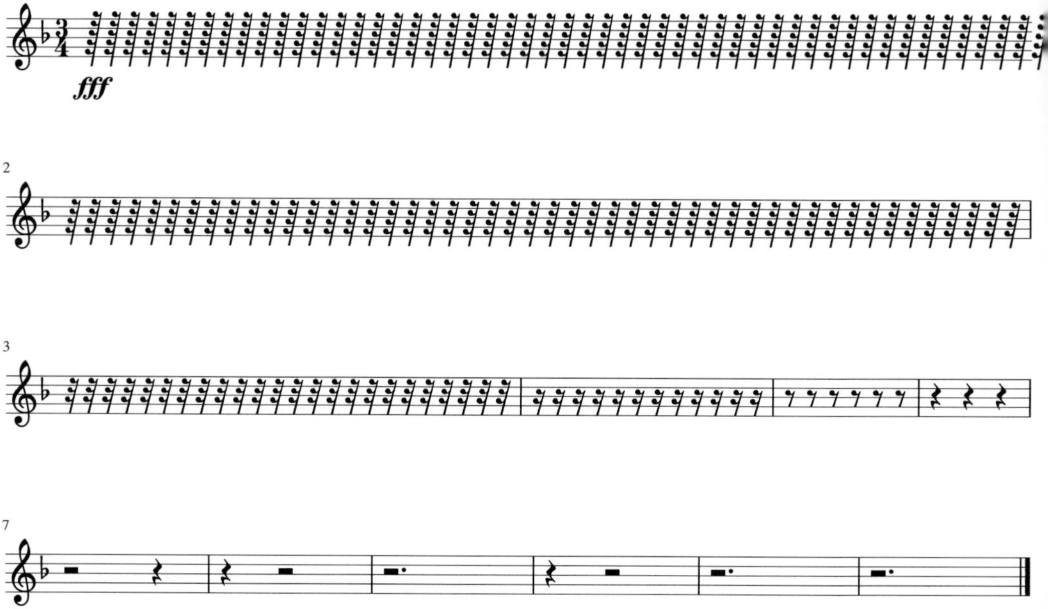
fff

Silencio ~~profundo~~ en re menor

excepto que          cada          compás

el silencio          se vuelve          más
                                          largo.

                                   l a r g o .

                                   l a r g o .

Me hacen falta
mis dos brazos se me van
igual como vinieron;                              *de repente*
sin esperarlos. Como críos de amores adolescentes
repentinos.


Me hacen falta
las ganas de observar
que nada se queda y todo se vuelve
un ciclo infinito de despedidas               *de abrazos; lágrimas*
derramadas.


Me hacen falta
horas ▆▆▆ juntas;
serotonina ▆▆, los gritos;
aromáticos condensados, las risas
emoción y contraste con tierras infames;
hombres planta y música que se repite
eternamente.                                   *(porque no conocemos otra, po')*


Me hacen falta
y cada vez nos despega más
las vidas distintas que elegimos           *(o nos eligieron)*
y que nos mezclaron desmesuradas
esfumándose.

# Me hacen falta
## días para buscar todas
## las almas que formaron parte primordial de la mía:
## Se me olvida la retórica, la paciencia;
### la decencia;
### las vacaciones que ~~jamás~~ planeamos.


*Me hacen tanta falta, cabros culiaos.*

9

# *ella durmió en las manos de satán*

mirando su propia sombre mientras demonios
trinan sordos - crianzas embelesadas.
balas suaves chocando alrededor de la tierra.

Paso una hora pensando en las manos de satán,
- será otro desliz
o mis dedos: Entre cielos
resonando entre silencios torpes
limpiando la lengua del veneno con las piedras
- Tal vez Lucifer transformó esencias
solo escucho

que vengan las reinitas en la
mañana vienen deseos
de nidos de serpientes
vueltos nunca, en nada.

Adiós Leviatán
(poseído)
eterna(mente) falla(ndo)

brizna de cabello casta-

añoro soñar con el

diablo.

## *norteña*

Entre matorrales y culebras te encuentro, norteña,
ella con falda de serpientes, armada con guadaña
dividida por rayas arbitrarias, bebe de viña
el fermento sutil, estrepitosa en ponzoña;
que no se te olvide esta vez encajarme las uñas

    Para que encuentra otra, norteña de mi corazón      *roto*
voy a escarbar dentro de piedras malditas, un cajón
(lleno de arena) para volverse esfinge iracunda,
venado desangrado que se hace por ti estrella diurna.

    Deja te quiebro al son de tambora, norteña querida
En mi ████████ volvemos al inicio del –
tiempo de murmurar al viento que le haría a tu culazo;
no sé si comérmelo o hacerle un altar junto a Malverde
para rezarle de noche cuando no lo tenga atrapado
entre las manos; loba elusiva, te quiero robar en
caballo de plata y llevarte al otro lado del mar    (Atlántico).

    Norteña cabrona, indomable. Callada. Imposible
no dedicarte balazos al aire.
Te vuelves arena y te me escapas de las manos.
Misterios guadalupanos forjados en papel arroz.
Te desconozco y te vuelves espejismo pagano atroz.
  Norteña, vuélvete hoguera para que me quemes y nunca más

               te me escapes de las manos.

## ¿*Qué?*

¿Qué fue exactamente lo que sucedió en ese momento de
debilidad?

¿Tentación?

Fue deseo, realmente; fue la tristeza que emana de adentro
de mis entrañas, que se volvió físico en un momento de

¿Duda? ¿De T O D O?

¿Existe en realidad el amor; la pasión; el deseo de manosearte? ¿O solo
son espectros del terror (que le tengo) de los relojes que no se detengan
y el planeta sigue girando y todo se mantiene estático y yo no quiero
detenerme?

¿Detenerte?

¿De tenerte?

Parametrización de la vida humana que se dilata cuando nadie más está oliendo los geranios y
las caléndulas, y todo se vuelve un concurso de quién se está muriendo (por dentro) más rápido.

¿Viviendo?

¿Existiendo?

Las dudas de la gente que se dedica a pensar por nosotros, y cuya respesta es cada vez más difusa
y negra de humo pintada, rubeóla del corazón que no estalla en mil pedazos, pero se vuelve cada
vez más cuarteado y límpido.

¿Cicatrices?

¿Más tiempo?

Analizando si cada vez uno carga más peso del necesario por la nostalgia de no olvidar los tres
abrazos que encerraron estacas (muy adentro); los cinco besos que cambiaron el planeta (para
algunos) y lo volvieron tierra y cenizas; los cuatro dedos que cruzados cruzaron el umbral de
lo inevitable que es "sentir todo"; los ojos que negaron el reencuentro de las almas porque nada
significada nada; el punto final de la última carta que saldrá de mis manos para siempre y jamas
volverá en esta dirección; el último átomo que te recuerda y dispara respuestas psicomotrices de
todo lo que falleció y ya no quedan ni las hojas de papel que por siempre se quemaron.

¿Qué?

¿Por qué?

Nubes, se pasan;
te recuerdo apenas
fuiste destello.

"  "

desaparece lento y gravita     (como polvo interestelar)
ella desaparece en nubes de letras cada vez más - distantes.
████ ~~más~~ silencio ████ ~~más~~

       desaparece clara y -
Esperaba que dormitar fuera un umbral, más ligero.
Esperaba que apretar fuerte un dogal, menos tenso.
pero el nudo        está                    más
       lejos
          de mis manos.

lento, entierro recuerdos...

    del reloj que estaba a tu tiempo

            *(nunca antes de las nueve, por favor)*

    todo lo que escuchamos juntos y ahora es ruido perplejo

    la lata de Modelo que se enfriaba ahí sola en la esquina de la nevera,

    el librete que desparece entre tantas otras copias -

... que quiero empezar otra vez.
arrastrandome lejos de fantásticos
sueños y espacios
y el sillón ese
que recupera los nudos que me recuerdan que ya


               "BASTA."

Tic. Toc.

Es tiempo.

De dejar la hojarasca del último invierno nutriendo
flores nuevas de abril en avenidas explotando rosas

esperando que desaparezcan

y se conviertan en lluvias menos grises compartiendo las sombra
pasando, en calores.

Es tiempo.

Tic. Toc.

Caminando al sur como brillante venganza de las señoras oscuras que
hierven las heridas macroscopicas de lo que vuelve a donde pertenece.

Sombras, se mueven

mas distantes

¿se fueron?

Es tiempo. Tic. Toc. Tic. Toc.

Burlas de la eternamente distante primavera; espacio letárgico brillando
delante, recordando; trascendente y (temo empezar de nuevo). Conectar.
Buscar y no encontrar tus dedos otra vez. Pelear con sombras que nacen
al final de octubre mientras la llovizna hace tierra y cenizas
indistinguibles, hasta que el amarillo esté listo (de nuevo), radiando
incoherentemente más allá del cinturón de rocas en el que estamos
contenidas, separadas espacialmente y temporalmente por agua y
cenizas y tierra y piedras y vidas apartadas, separándose súbitamente
hasta que te encuentre otra vez. Hasta que algo falle otra vez.

Otra vez.                           Vez.

tictoctictoctictoctictoctictoctictictoctictoctictoctictoctictictoctictoctic tic. tic toc. to tic. toctictoctictoctictotictoc

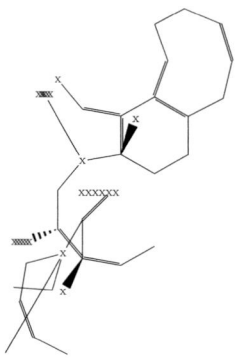

espontáneas fantasías de amor -

como estar bañados en ~~ácidos líquidos~~,

empezar por el principio,

Una mirada        una palabra

aquí, allá; tu boca

y las cadenas atadas entre los dioses y yo.

empieza.

nos hacemos fluídos/estáticos; un desastre puro de des-
conexiones entre dos palabras, desconectadas. Colores.

TODOS LOS COLORES.

El aire se convierte en lenguaje y cuchillos que por fin salen.

Salen los cuchillos.

Momento. Sueño. No, nosueño. Ronquidos. Son-idos. Sí.

Las palabras se pegan sin culpa en las paredes y los mapas se derriten.

El tiempo se derrite. No hay tiempo. Vivir en un espacio sin tiempo.

por el último segundo                    (y hasta el final)

        Te podría llamar                    (mía?)

d scanso. f ltand   una "e". f lta la "a". Faltó "o". Cansado.

Me cansa p nsar m s. Já.

                Cruzando las espinas que dejamos de las flores.

Explotando. Y café. Se bloquean los neuroreceptores,

            Más candados. Más cerrados.

Persiguiendo para escuchar,

explosiones              de                    l e t r a s.

        Que no cunda el pánico. Estamos a salvo.

- Pero no estás ahí adentro.

¿Que no cunda el pánico? Tu estás

- ya no estás ahí dentro.      (cuando busqué)

LA CONCIENCIA ENTRA EN ESCENARIO IZQUIERDO.

Lento. Más lento que la lluvia más lenta.

De nuevo en la cuenta, empezando.

*(y la lluvia no va a ser igual otra vez)*

Detrás de la salida ella titila

¿Nunca fuiste mía, cierto?

Camino por viejas rutas, ella saluda y

Camino en viejas rocas y se tuerce

*¿Nunca fuiste mía, cierto?*

Fantasías de amor espontáneas

Como estar bañados en ~~ácidos líquidos~~,

Viene y se va por la misma puerta.

Nunca fuíste mía, yo sabía

el segundo que pasé por el

portal, las ventanas cerradas, el sol lento

Y pensaba si alguna vez, de nuevo...

Nunca más si

recuerdo su curvatura, verdadera

desconexión, el cerebro vuelve

y desaparece      l e n t o.

de nuevo a la distancia la sombra se posa

en impruentemente tontas especulaciones, ella


nuncanuncajamásnuncasiemprenuncajamásporsiemprenuncajamásnuncajamássiemp

jamásnuncasiemprenuncajamásjamásnuncaporsiempreyjmásnuncasiempreavecesjam


Sinapsis temporal conectándose falsamente por

manipulación tramposa de la conexión

eléctrica que hace que los mapas parezcan más

derretidos; océanos cercanos; historias, comunes,

bromas cómicas; besos, infinitos

cambios de mente menos dolorosos.


Ella des parece lentamente

en la mem ria de las máqu nas

de vuelta la dist ncia guía sombras

en interpolaci nes imprudentes te-

lares en mi mente.


*¿Nunca fue mía en realidad?*

## cementerio.

aquí yacen historias sin pies ni cabeza.

ella olía a invierno

## "$l(f)$: Amor"

quisiera que fuera una

constante matemática

encerrada, predecible,

proporcional

correspondiente a un campo vectorial.

Igual.

## "no"

Ella no pertenece a la luz y la mañana

Me tomó tiempo entender lo que no era:

Una sombra; una soñadora, *el amor de mi vida.*

Pero todo lo que es, es más de lo que (necesitaba)

Una artista, un gato, fluido negro, el amor de mi vida

Solo espero coincidir de nuevo en otra vida,

quejarnos de lo circunstancial

de la vida normal, goce secreto (*Intento no quejarme tanto*).

Nunca tomé fotografías porque quería

simultáneamente olvidar y recordar cada uno de los

picosegundos que simultáneamente quiero guardar y enterrar,

hasta que se acabe

y la realidad me regrese a la tierra.

Ella no es de luz y la mañana.

Ella no es mi luz.

Ella no está mañana.            No mañana.

$\infty$

**"no igual"**

solo el tiempo es lineal y genera

igualdad

        paciencia

           seguridad

que cae en nuestros bolsillos.

pensé como simio vertical

diestro, para ser más adecuada

y al final

        la integridad

          la decencia

se escapa cuando te quedas a mi lado.

        paciencia

          El corazón se derrapa rudimentario.

**"08.01.2015"**

Si existieramos en el vacío

todo sería perfecto.

sin espacio, sin planetas, sin gravedad.

solos tú y yo en el infinito umbral de nuestra

única soledad.

No todo es como en el vacío.

     hay tiempo

               hay polvo

        hay oscuridad,

tú y yo,           las estrellas en el espacio la ventana, el océano y

el hielo.

Tengo frío y no tenemos como quitar(nos)lo.

**"23.01.2014"**

Daños más allá de la posible reparación.

Despertando perros viejos para defender el

corazón de papel.

fuegos en la piel.

Conflictos de interés por cambiar

un monolito enterrado

a un cuarto de terminar.

a un tercio, para los siniestros como yo

queriendo reparar

queriendo regresar el tiempo.

sin empujar.

ANACRÓNICA se mire
(fuerte)

flotan
el agua pa'rriba
cruzando los dedos,
guamúchiles bichicoris,
se arrejuntan con carrizos
arremangados (de noche).
"¡Bules, vieja! ¡Tráilo! —exclaman,
Monstruosos charcos persigran
nuestras últimas esquinas;
(charcos en las panzas;
cochros en el pelare
encaramados cual niño
solemnemente tejido,
mientras viento detenido
anuncia: "estamos vivos."
Cuachalotes ríos
fluyen norteños
cual culebras
en esteros
llorando
quedo.

## "22.09.16: Cuchillos"

El sueño entre dos se traslapa

y se convierte entre dos almas distintas

no ve a ninguna;        solo conceptos e ideas.

nieve cayendo en la villa.

nieve cayendo en la villa.

cobijo en familiar tibieza no esperada

detrás del humo de la decepción

en un lugar conocido

con caras conocidas

situaciones conocidas

gente familiar

escondiendo la mano tras lanzar la piedra

caminando por la hiedra y el barro

el río se está congelando

no sé que esperaba yendo a ese lado.

Mordiéndome la lengua pues no hay otra manera de saber que estoy despierto.

El alfil está en la esquina opuesta.

Te ves malvada desde la distancia.

# rayada

("Para Leticia")

Quién te hizo de papel
para que te hagas amarilla con el
tiempo en el que no te he visto
cada vez más rayada. Exhausta.

    Te estoy perdiendo y no hay
    brújula que me lleve a donde

             cada vez estás más rayada.

      Si ya no te veo(,) vieja,
      que te escuchen las que pueden.
      La melancolía de lo *hetéreo*
      siempre fue lo mío, vieja.

Te llamaría si fuera un
poco menos ~~cualquiera que esté detrás de la terminal~~
poco más ~~de la que podría ser la que a ya no~~
qué me hizo pensar que los
relojes que cuando pierden su cadencia
también hacen que deje de pasar el

   t     i     e     m        p                o

para olvidar que tu vida y la mía, vieja,
entrelazadas por la tela del tiempo-espacio,
ahora solo son coordenadas separadas por todo un océano.

∞

Las guirnaldas siempre van acompañadas
de las mismas viejas mañas de solo hablar
en intoxicación muscular, se parten las
flores en distinguidos pétalos claros que
puedo observar estando lejos, los pétalos que
se hacen de papel, oyendo la misma pinche
historia, todo es igual. Misma. Vieja. Historia.
"no es para ti", dijo, escuchando la misma
pinche cantaleta. Siempre tener que esperar
que la guirnalda se coloque espontánea
en la corona equivocada. Siempre otra
cabeza, menos la que, por fin, evite que
rueden más pinches cabezas por los suelos,
que todo se eleve a los cielos. El mismo lugar
que nunca va a ocurrir en la vida vacía de no estar.

**tonto**

La historia que siempre se repite

como metrónomo mal calibrado,

cantando rimos lentos que me recuerdan

que me enamoro de puras pendejadas.

Trazas de viejas huellas que no se borran de la arena:

        Tan fácil

        tan rápido

        tan... claras, y a la misma vez, borrosas. serpientes con

plumas que se envenenan solas. Tan súbito,

culmina en las mismas pendejadas de toda la vida;

gotas de agua fría y que ahora la lluvia me recuerda

        todo ahora me recuerda...

y aquí, ahora, llueve todos los días del infierno

        [pausas]

        (sollozos) ~~siempre~~ - Es la historia de siempre.

Beber de la botella más profunda de gardenal

y estar paralizado; prometer semanas en noviembre

que ~~nunca~~ tal vez en realidad no van a llegar.

Beber de la botella más profunda de mezcal

para que se diluya ese veneno que siempre

me amarra a la soga más delgada y me ahorca;

me arroja a la laguna más súbita y me ahoga;

me eleva al cerro mas plano y me caigo;

me incendia en la lumbre más fría y me quemo.

*tonto orlando enamorado.*

11

¿Si te olvido,

desparecerás por

fin de mi mente?

# fin de mi mente$^{20^{2}\dagger}$.

---

[20]En náhuatl, cuatrocientos significa: Innumerable, incontable; *infinito*.

[esta página ha sido intencionalmente dejada en blanco]

# Fin. (azotes)

████████ 09/02/2018

Todo termina en algún punto, y este es el epílogo de un cortísimo espurio de inspiración que yo sabía que se iba a pasar en algún momento. No tenía idea cuando iba a terminar exactamente. Solo tenía presente que iba a pasar la misma historia de siempre: Yo empiezo a hacer conjeturas de conversaciones inexistentes; comienzo a pensar en lugar de alguien más, porque nunca pregunto y mejor asumo situaciones que tampoco suceden; enciendo las paranoias porque la distancia empieza a pesar y la vida real se interpone en dos días de fantasías tontas que ~~nunca~~ debieron pasar; empiezo a decir cosas que no debo, usualmente ebrio; empiezo a dejar de limitar las cosas que pasan *en mi mente* y a poner palabras donde no van y a asumir cosas e interjecciones innecesarias que no tienen sentido; empiezo a ~~█████████████████████████████████████████████████████████████████████████████████████████████████████████████████████████████████████████████████████~~: Marañas en mi mente que se salen y que se tejen por si solas en otras palabras que no quería decir y que termino diciendo... y luego, empiezo a *pensar*.

*Y todo empieza a desvanecerse entre fotografías y mensajes perdidos entre los momentos en los que decidimos que podemos volver a hablar como los desconocidos que siempre fuimos.*

Tengo la terrible manía de ponerle palabras y letras a las cosas que asumo y empiezo a realmente creer que soy más inteligente que todo mundo, y que yo sé todo: Mecanismos de defensa para evitar pensar que existen otros seres humanos que me van a lastimar, por lo que tomo la salida fácil y pongo todo en cajas, separo la basura, y sigo sin aprender a escuchar, a callarme el chingado hocico, y preguntar, en lugar de asumir y enmarañar todo para sentirme en control de lo que siento. Y todo se torna de la peor manera si estoy ebrio y empiezo a azotarme con que *nadie me quiere, pobre Orlando, ya llévenselo a dormir. Ya quítenle el teléfono.*

Viendo las cosas más objetivamente (y sin los lentes del absurdo enculamiento que *SIEMPRE* me sucede), me doy cuenta de lo terriblemente egoísta que soy ~~pensando en ti. Cuando me platicaste de la crisis laboral por la que pasaste, que estabas triste y que~~ te ibas mañana; que no entendías porque ya no quería hablar contigo, *en mi mente*, pensé muy seriamente, ~~en decirte que te vinieras a vivir conmigo~~: Por mi tonta necesidad de quererle salvar la vida a todo mundo, en lugar de encargarme de ver por mi propia vida. ~~Cuando me preguntabas~~ "~~¿y qué chingados vas a ir a hacer a Things, Orlando?~~", "~~Ah, pues nada.~~" - Decía. "~~Voy a ver al amor de mi vida~~". Así el delirio que vivía, porque no conozco una manera saludable de expresar cómo me siento. En realidad lo que quería saber, era si todo estaba *en mi mente*. Quería saber si todas esas ideas que me hice pensando en ti tenían algo de verdad, que me hago en la mente. Quería saber si todo eso que te escribí cuando recién te dejé, era cierto o eran simplemente un producto de mi imaginación; quería saber si ya podría dejarte ir de mi mente y mi corazón, y aceptar la realidad de la vida y de las cosas: Que estamos muy lejos. Necesitaba saber.

Necesitaba saber.

*Me* ~~encantaría~~ hubiera encantado *saber...*

~~Pero no quisiera tampoco forzarte a investigar cosas que pasan en mi~~ ~~cabeza. Y Guadalajara es un lugar complicado~~: Si lo he de saber yo, después de ~~██~~ años apenas me siento un poco cómodo, sobre todo viviendo en esta ciudad ~~tan pequeña y aburrida~~, pero que por fin me hace sentir cómodo viviendo en mi propio cuerpo... Como cuando una descubre por fin, en un sueño, que todo es parálisis, que se rompe la barrera del descontrol subconsciente y la rienda del subconsciente se desdobla hacia adentro... Pero todos son sueños, lamentablemente. Me da gusto que ya encontraste trabajo de nuevo, ~~que no tuve el descaro~~ ~~de ofrecer esas cosas del párrafo anterior~~, que tu vida está de vuelta en el carril, que te fuiste a Japón y tuviste con quién dejar a la gata; que estás sobrellevando tu diversidad neuronal de a poco. Que sigues existiendo paralela a mi existencia.

Viendo todo en retrospectiva, no puedo tampoco evitar el sentirme tonto por escribir tantas cosas sin sentido. Pero bueno, estaba ebrio de amor, estaba solo, el avión me tenía muy aburrido, y tenía muchos sentimientos encontrados. Considero apropiado aún el decir *"Orlando, ¿Qué demonios te está pasando por la cabeza?"*, porque realmente, ¿Qué conozco de ti? Entre más y más leo, solamente veo muchas extrapolaciones basadas en conversaciones a medias que apenas pasaron. Queriendo condensar en cinco días, los mil novecientos dieciocho días de vidas completamente distintas. ~~Siempre preguntaba, claro.~~ Realmente no tenía mucho que preguntar, en general, y nunca sabía qué decir, exactamente. *"Hey ▓▓▓▓▓▓! ¿Qué tal todo?"* cada tres, cuatro meses. Un hola en tu cumpleaños, esporádicamente. No me puse a buscar tampoco tan a profundidad[21], y está bien pensar que no es del todo saludable que lo haga. Porque estoy armando castillos de arena en playa mojada. Poniéndole demasiados huevos a una canasta, que ni siquiera sé si es una canasta de verdad porque se están cayendo todos los huevos al piso y se pudren lentamente; los gusanos salen del aire.

Lo que pasó es que me enculo por nada, y empiezo a hacer planes de una vida que no existe. Podría tomármelo todo mucho más relajado. *Existir aquí y allá, de repente, cuando se pueda.* Pero no. Esa obsesión por poseer y tener y llamar a *alguien* mía, porque es lo que da seguridad de que no voy a despertar mañana y todo cambió y se hizo algo distinto. Miedo a que todo cambie mañana y ya no estés. Miedo a las distancias y a mi terquedad que no voy a encontrar nada que me llene tanto como tú. Podría pasar, pero me da miedo averiguarlo. No lo mismo, tal vez eso sería pedir demasiado. Pero una amalgama de cosas que me hagan pensar que esto *"podría ser peor".* Tomar las cosas más tranquilo. En verdad ni siquiera sé si en verdad eres una persona sola. Solo hice conjeturas y las atribuí a lo que más me pareció prudente: Buscar cosas en común para alimentar mi propio ego frágil.

En fin, azotes aparte, muchas gracias por ~~esos dos días~~ el tiempo que me dedicaste. ¿Los necesitaba, supongo? Tenía muchas ganas de verte, y de platicar contigo, y saber sobre tu vida, y saber que estás bien. Aprender más de ti, hacer menos marañas en mi mente, pensar por

---

[21]Francamente sí lo hice, pero no necesito más puntos a la cuenta de enfermedades de transmisión mental en este momento.

cinco segundos que las cosas pueden estar chilas[22] y que por un microsegundo, todo estuvo bien con el universo porque estaba contigo, y de alguna manera, eso me hizo momentáneamente feliz. A veces le busco demasiadas tetas a la culebras y hago todo extremadamente complicado. ~~Por pendejo~~.

Muchas gracias por ~~las dos semanas~~ los dos meses de inspiración; espero que pueda finalizar algo de música que, haz inspirado muy dentro de mí. Empezar a escribir, otra vez, pero ya no para ti, sino para otras; para la galaxia y los planetas; para los árboles, las plantas; para esa anciana en el tren que me hizo la vida imposible por dos horas; lograr que se incendien las murallas que nos encierran en la ignorancia del *otro*. Espero poder terminar todas las pinturas que tengo pendientes, para que mi apartamento huela a trementina todo el tiempo: So a pintura de óleo seca, so a suavizante de telas porque recién lavé las colchas y siempre le pongo demasiado suavizante de telas a la ropa. Muchas gracias por intentar entender mis *mensajes de texto en la madrugada*[23]: Nunca fue necesario, pero siempre se aprecia la intención.

Yo estoy consciente que esto es demasiado y literalmente una excelente razón para ponerle una orden de restricción a un relativo desconocido: Así es como empiezan las películas donde matan a la gente, hasta donde yo sé. A fin de cuentas, nos convertimos en otra mancha en el universo que son nuestras vidas, tú allá lejos, y yo en todos lados, menos contigo. Perdón por ser tan intenso. Espero aprender algo de todo esto. Y tenerle menos miedo a las mujeres. Alguna estará menos desequilibrada que yo, espero.

---

[22] *Chilo*: var. "chido", 1. **adj.** *NO Méx.* Bien, bueno.
[23] Bueno, *quejas en general.* Me encanta azotarme.

Decidí finalmente mandarte todo esto porque, ~~por una parte~~, es un testamento de la triste obsesión de un hombre ~~, y la manera más prolífica (si bien, bastante mal editada) de compartirlo, con la única persona que me interesa compartirlo~~, y que realmente ~~es tuyo~~ para hacer lo que quieras con él. Por que ahora, técnicamente, ~~es tuyo~~[24].

A veces, quisiera ser más ~~(illegible)~~
A veces, quisiera ser menos ~~(illegible)~~

õ

---

[24]*La vida te da sorpresas, sor-presas te da la vida,* así lo decía

[esta página ha sido
intencionalmente dejada en
blanco]

_____
Don Rubén Blades.

[esta página ha sido intencionalmente dejada en blanco]

# espacio

Espacio en blanco.

# 1.   Planetaria

*"No te estoy tirando el sable"*; olas a noventa y tres
pulsos por segundo se estrellan contra la
arena suave y aparecen cadáveres de aguamalas;
*"¿Me escuchaste? ¿Qué estás pensando?"* olas a
noventa y dos pulsos por segundo se estrellan
contra la arena suave y no aparece nada; Un
pez vuela sobre Marte; "No, olvídalo... al menos por el
momento. Mira, ahí está brincando un pez sobre Marte".
*"Entiende. No te estoy tirando ningún sable."*

"Pero tal vez... ¿Yo sí quisiera?"

Llegó exactamente como toda la demás basura que habita esta geografía específica:

Un satélite de un planeta que siempre estuvo dentro del cinturón de asteroides y que era parte de lo que el sol permitía que tuviera luz y calor solar durante todos sus respectivos años. Frágil, inexistente. Ni siquiera un planeta. Una roca más, de aquellas que simplemente se pasan el tiempo volando alrededor de otros planetas que mantienen el equilibrio y la fuerza gravitacional intacta en miles de paralajes de un arco por segundo cuya elipse crea el espacio entre todo lo que rodea al cinturón de asteroides.

Y luego, la confrontación, aquél grito un día de septiembre.

Cuando no la conocía. Cuando solamente era un satélite de un planeta que siempre estuvo dentro del cinturón de asteroides y que era parte de lo que... era todo lo demás.

Aquella vez, esa frase: *"Pues el que está mal, eres tú, porque ella es un lastre y te está limitando, y te está volviendo mediocre"*. Aseveraciones sin saber por qué lo decía.

Sí lo sabía. Siempre lo hube sabido.

Quería arrastrar a todos en mi vorágine de ignorancia por el oscuro. De los temores de que las cosas no volvieran a ser lo mismo jamás, y que el abismo me tragara solamente a mí. *Si nos ha de tragar la oscuridad, que nos trague a todos.* Pensaba. De cierta manera, quería convertir el caos que tenía dentro de mi corazón, mientras se me escapaba de las manos la certeza de que el día de mañana, de repente, me iba a escapar de las órbitas elípticas perfectamente definidas, e iba a adentrarme a esa parte del espacio en la que físicamente, ya no podía existir siendo el mismo.

No lo pensaba. Lo sentía.

Por primera vez, la soledad de no saber absolutamente nada y querer clavar a la tierra con las mismas uñas que ya me crecían más de lo que necesitaba para rascarme mi propia espalda, se me empezó a convertir en una impaciente comezón por salir a la lluvia calmada de octubre, que moja y rasca pacientemente, tanto la espalda como los muslos, mientras la bicicleta solamente rueda colina abajo, y observo como la vida se me viene encima, mientras pasaba las últimas setenta y dos horas en esta ciudad que me cambió (temporalmente), y me empecé a despegar de un montón de objetos que me acompañaron (temporalmente), como rocas intergalácticas que de repente, empiezan a desprenderse de los meteoritos circuncidando la vía láctea.

Y así, me fui.

[cuatro años después]

Varios litros de agua burbujeante después, entre canciones del folclor
que nunca habían retumbado en esa casa que ya no era lo que hacía tres
años, cuando todavía [aquella] estaba presente y yo,
lamentablemente, no lo estaba, por fin visité el techo de ese lugar, y
hablé sobre vibraciones en el aire. Aquella primavera sempiterna en la
que desapareció para siempre, entre agua salada y agua burbujeante
amarilla, entre arena mojada y mis pies quemados por el sol, cuando
apareció otra, que no podía cargar con el peso de su propia vida. Y el
otro, que por tanto tiempo existió y se movió... y de repente, también,
como todos, encontró raíces en sus propias semillas, allá donde se
originó la propia. Esa primavera sempiterna, volvía lento entre
memorias de lo que ya no era por descuidos que siempre se repiten,
cíclicos como esperar pacientemente que se mueran las hojas para
renovar la tierra.

En el techo de esa casa, que nunca visité, surgían las discusiones sobre
las razones que describen la tormenta que está siempre formándose
entre la nuca, los ojos y los oídos, que retumba incesante en colores, en
rayas y letras malformadas. Discutía sobre las deformaciones del aire, y
cómo deformarlo tónicamente, en cuartas y quintas, cuatro cuentas a la
vez: Uno, dos, tres, CUATRO; y que la repetición legitime los errores
absurdos del aire deformado en tercias y sextas.

Y de repente, apareció por la derecha (del escenario).

Cínicamente, como siempre, porque no existen más letras que las que apenas tengo escritas en los incisivos (dichas apenas entre la lengua y el borde de la quijada), apareció por la izquierda, inadvertida, mientras desaparecían y aparecían lentamente mensajes que me decían que tenía que estar en otro lado. La luna estaba, como siempre, esperando pacientemente a orbitarnos lentamente. A algunos centenares de paralajes de arco por segundo, observaban ahí todos los equinos voladores, aquellas que vierten agua y la fluyen, los lobos y los centauros. Un dragón, a lo lejos. Más mares, más olas. Se escondían los escorpiones y las serpientes, como esperando pacientemente que las liebres cayeran en sus garras. Yo seguía observando, solamente. Fuimos al lugar donde las plantas cubren parcialmente la vista hacia adentro, un pasaje, simplemente, al que nadie quería ir. Ni siquiera yo quería ir. Ahí estuvimos, hasta que el acuario descendiera y los peces lentamente ascendieran, por la derecha. Apenas, el ave en llamas muy por abajo. Más agua con burbujas, y yo dejaba de tener sentido (de la orientación). Las cartas dejaron de tener sentido, como siempre, yo y mi terca necesidad de hacer más complicado algo tan simple como un juego de cartas. Con trampas, poniéndole el pie a todos para que se tropezaran y no se mueva nada, para que todo quede estático, como si nada hubiera pasado. Ya menos agua con burbujas y más animales con agua curtida y maíz pulverizado en la boca.

Casiopeia se asoma y Perseo, apenas por la derecha. No queriendo decir nada, el tiempo y el aire se rellena con burbujas de colores que no conocía. *"¿Que estás diciendo, Orlando?"*. No estoy diciendo absolutamente nada. Espero que los peces, los salados y los representados en paralajes de arco por segundo, no hablen. Más palabras y letras que no tienen sentido. *"No te estoy tirando la onda"*.

No, definitivamente no. Tal vez, yo quisiera, pero quisiera no tener tanto miedo. No por error a fallar. Todos somos erros. Todas somos errores en todos lados. Me asombro porque nunca ví que fueras tan... planetaria. Inalcanzable, en tu propia manera. Separaciones de lo que significa estar atrapados en realidades en las que lamentablemente, tú existías planetariamente rotando en dirección contraria de la que yo estaba rotando, y nunca se encontraron los cometas que tenían que desviar las rocas intergalácticas que pudieran permitir que el espacio y el tiempo se torcieran para que estuviéramos en la misma dimensión, en la misma ciudad, en el mismo tiempo, en las mismas condiciones, en el exacto segundo en el que hubiéramos estado escuchándonos decir las mismas palabras... pero yo no era así entonces.

Cambié, circunstancialmente, como siempre es para los que nos rigen dos manos que están apuntando en direcciones contrarias: Hubiera sido la situación de aquella y tantas veces en las que por temor a verme en el espejo y encontrar la cara de una persona, veía solo la transposición de todo lo que no quería ver y que se quedaron escondidos durante tantos y tantos años de observar siempre y esperar... pacientemente. A tener valor... y ver en el horizonte que las estrellas se alinean, afortunadamente, de la misma manera cada tantos años, y nos damos cuenta que solamente ciertas combinaciones de la realidad permutada que son, al final, las que vivimos y nos rodean.

El silencio y las olas empiezan a retumbar a una velocidad incierta. Me doy cuenta, por fin, que eres planetaria, y que estás a centenares y centenares de unidades de medición que no podemos comprender. *"No, está bien. Olvídalo, no estoy pensando en nada".*

Mientras los peces brincan sobre marte, y recuerdo que es momento de irnos. *"Bueno, creo que ya mejor hay que irnos".* Y así, nos fuimos.

[Epílogo]

El universo se expande y cada vez tardan más en llegar las letras. Llegaron, y se fueron haciendo cada vez más, y más lejanas. Y tu planeta se fue alejando cada vez más y más, y yo empujaba la tela que conforma el universo más y más lejos, porque las estrellas tenían razón. Habrá que detenerse en algún punto. Cuando veo a veces el mar (de lejos), o el flujo incontenible de individuos entre los tubos de datos de todos lados, veo que ahí sigues, lejos. Podría, pero mejor no.

Si veo el cielo y algunas estrellas titilan a noventa y tres pulsos por segundo, tal vez me acuerde que existes, y esos colores que ahora están sentados sobre el vidrio en la cocina, eran tuyos, hasta que decidí arrancártelos, porque ya me quedaste demasiado lejos, planetaria.

De repente, alguna indeterminación del espacio-tiempo te trae memorias de ciertas deformaciones del aire escritas en la raíz menor usada casi siempre en las composiciones provenientes de la parte con la distribución de luz solar más homogénea de esta roca con agua flotante. Tenía mucho que no leía nada, pero preferí no decir nada, porque ya fue después del momento en el que decidí que quizás, estaba solamente esperando que las raíces estuvieran en la tierra correcta. Balbuceo, apenas, y vuelves a desaparecer en un mar de personas, sin planetas. Sin tiempo. Sin vida.

Solamente un mar de personas que ya no forman parte de mis océanos.

[esta página ha sido intencionadamente dejada en blanco]

# 2. Epílogo

> "oye, voy a pasar por Los Ángeles el fin de semana, si
> tienes chance hay que vernos"; "*Pues voy a estar en la
> galería trabajando, si quieres te dejo las llaves y ya
> dejas tus cosas ahí en el depa, y yo llego después.*"
> [silencio]; "Hm, bueno, ahí llego después...".

"Pues... ahí llego...."

Y llegué.

Y luego, el mismo pasillo, aquél pasillo un día de agosto.
Pero nada era igual. Ella ya estaba en otro lugar. En otro
corazón. En otro espacio. Y yo, ahí, irrumpiendo como si
no hubiera pasado nada, como si el tiempo jamás hubiera
pasado. Como si ella y yo hubiéramos quedado estáticos en
el espacio-tiempo, y como si no hubiera pasado tiempo
entre nosotros.

*pero todo pasa...*

Y ahí, esperando en la penumbra de ese sofá que huele a
humo de tantos cigarrillos, pero que fueron familiares...
el librero en la entrada, el llavero ~~del charrito~~ que ya
había usado y que ya estaba ahí presente... Los libros que
solo leí pasando. Los pósters de frases que no entendía.
Su fotografía ~~en el refrigerador~~; borrosa, como ella,
toda, siempre borrosa.

*Y la oscuridad que siempre quedaba porque no sabía nunca*
*dónde estaba el apagador de la lámpara que estaba junto a*
*la máscara sagrada que tenía demasiados espíritus para ser*
*contenida en un librero.*

Y mientras, esperar pacientemente.

Esperé hasta que llegaste, y platicamos un poco porque al
día siguiente tenías que trabajar. Hablamos de espíritus y
quedaba algo de vino y yo, como siempre, con agua amarilla
con burbujas. Dormí, en el sofá. Al día siguiente, me fui
a vagar por la ciudad (porque jamás hice las vueltas de
los turistas), a buscar pantalones baratos, y a perder el

tiempo en lo que aparecías de nuevo. Esperé mientras escribía otras cosas y volvía lentamente a la realidad. Esa vez, llegaste tan tarde que yo ya me había dormido, porque tú también te habías dormido.

*Supongo que así es vivir dormidos por siempre.*

# 3.   Antes

## Mucho antes...

Muchísimo. Antes.

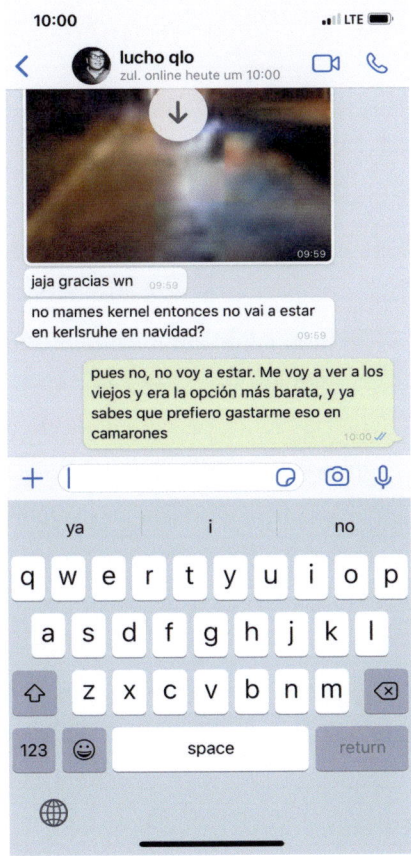

Conversación en línea entre Orlando y Luis Wladimir.
22 de diciembre de 2017.

Por pinche descuidado,

siempre me pasa lo mismo.

Esta era la opción absolutamente **más** barata, obviamente negando el
hecho que los seres humanos necesitamos cubrir necesidades básicas,
como dormir horizontalmente o con la menor cantidad de luz halógena
disparándonos fotones en la retina. Apenas quinientos pesos de
diferencia cambiaban el poder alojar un poco de descanso a mis ya
magulladas canías[25] de tener dolores crónicos toda la temporada.
Terrible conexión, como acostumbro viajar siempre, aunque sea viaje
todo pagado. Todo sea para que nadie pague más de lo necesario. No
iba a poder escapar de viajar justo en navidad, cuando el viejo panzón
alegre reparte amor en forma de plástico arbitrariamente formado a
todo mundo en todo el mundo, menos en los aeropuertos. Eso, era
seguro.

La misma historia de siempre.

Por descuidado pinche.

---

[25] *Canía*: Del Esp. "Canilla", del Lat. "canella", dim. de *canna* 'caña'. 11. **f.** *Sin.*
La pierna de una persona.

24.12.2017.

Frankfurt (Am Main), D.

14:30.

El aeropuerto internacional de Frankfurt, el puerto aéreo de mayor
tráfico en toda Alemania, se encontraba prácticamente cerrado a lo
largo y ancho de toda la terminal Z, la única terminal con conexiones a
Estados Unidos de América esa tarde fría de diciembre, en la que las
filas eran tan cortas y tan sutiles, que apenas había dos o tres personas
formadas para ingresar a las salas de abordaje, esperando
pacientemente a que se les vaya la vida y les venga la radiación
ionizante cósmica para mutarlos lentamente en la línea germinal a
través de las paredes metálicas de los aviones en tránsito.

> ,,Sehr geehrte Damen und Herren, herzlich
> Wilkommen in Frankfurt International Flughafen.
> Bitte beachten Sie auf ihre persönliche
> Gegenstände. Danke für ihre Aufmerksamkeit und
> wir wünschen ihnen eine angenehme Reise.''

– Sonaba en los altavoces, a lo lejos; a lo cerca, ese sonido que ya
resultaba familiar pero igualmente desconocido, por el tiempo pasado
escuchándolo, una y otra vez, hasta que lentamente se desvanece y se
convierte en un eco desmesurado de tantas voces irreconocibles en
tantas terminales anónimas que en realidad, no se terminan nunca.
Buscar comida entre pasillos y pasillos y pasillos, cada vez más
desolados, vacíos, sin gente, se vuelve la única fuente de cordura cuando
ya no queda más que pasillos solos y algunos aviones despegando. Con
tan pocos humanos, todo se vuelve una interminable repetición de
números y puertas y gotas de lluvia pegadas a la ventana.

> Sin humanos.

> Sin comida. Sin ~~McDonald's®~~.

Pantallas con videos reproduciéndose en el fondo como ruido estático, sin espectadores, sin objetos, mientras se ven en los carteles desplegados a lo largo de la terminal, las señales internacionales del soziego de la comida rápida del payaso ese, siendo el único local que yo hubiera esperado que estuviese abierto, porque es ampliamente conocido que trabajar en ▬▬▬▬▬ en navidad en un aeropuerto es y será, forzosamente, ese lugar en la vida de uno en el que al fin se ha dejado de lado el concepto de existir como un ser humano y se ha llegado al nivel metafísico, al post-humano; ese proceso que algunos viven en el que la navidad dejó de ser un bello evento; una espera por ese conjunto transhumano que nos acoge y resguarda, y que denominamos familia[26] porque así nos lo inculcaron: Esas luces de adorno afuera de la casa con algunos focos apagados que nunca se cambiaron *"¡porque ya no venden el chingado repuesto, ▬▬▬▬!"* – Grita el marido anónimo a la mujer *nombrada*, cuando se alteran los ánimos por las imperfecciones del núcleo familiar habitacional; de los pocos focos que siguen iluminando, los colores suelen ser repetidos y no-secuenciales, o simplemente fueron rellenados con luces blancas, para evitar un severo ataque de desorden compulsivo-obsesivo por los espacios desocupados aleatoriamente; una fascinación por el olor a madera quemada y humaredas divisadas a lo lejos, con el olor a fogata en el ambiente, proveniente de chimeneas inexistentes en la periferia de la ciudad; esas lumbreras de adolescentes que les gusta incendiar cosas que no son suyas, por destruir lo que no

---

[26]Es notable el hecho que esto no necesariamente aplica para personas cuya religión no es necesariamente la católica. La cosmovisión jesuscentrista del autor es aquí evidente, y posiblemente resulte en una severa crisis de comprensión del texto, al momento de transcribir o traducir a un segundo (o tercer o cuarto o quinto) idioma.

les pertenece; ese olor a pirotecnia ilícitamente adquirida en una florería, sonando a lo lejos, pensando siempre si proviene de un balazo o de un cohetón (o algo `peor`); los gritos desesperados de las madres católicas preocupadas por el potencial peligro que sufren niños en este ambiente tan tenso que vivimos hoy en día: *"¡Los niños!"*, grita una tal Doña `Anónima` desesperada entre las callejuelas del barrio Lucre[27], apelando a la yuxtaposición de uno de tantos episodios de caricaturas que todos aquellos que se criaron enfrente de un televisor entre mil novecientos noventa y mi novecientos noventa y cinco conocen y recitan de memoria, con memorias reales pegadas como un papel tapiz de cosas que jamás pasaron.

Qué cosas,

que surgen del éter de las memorias.

Una ligera sonrisa se me dibuja en el rostro, al recordar todas estas incoherentes correlaciones entre cosas del pasado, mientras tomo por fin la decisión de comer un emparedado de jamón con huevo cocido, de esos que compraba durante mis estudios, antes de ir a las clases de nueve y cuarenta y cinco de la madrugada, para evitar pensar en comida hasta pasado el mediodía. „Hi! ich hatte gerne ein Schinken Panini, bitte schön." *„Das was?"* „Jep, genau, mit Eier und Salat" *„Jewohl. Vier fünfzig, bitte."* „Danke! schönen Tag noch". Así mi plática con la cajera. Igual de desentusiasmadas las dos, porque ninguna quiere estar aquí este día en nuestra relación fugaz de cliente y cajera, nos proto-despedimos y proto-interactuamos por última vez, en respuestas proto-monosilábicas que no significan nada, de esas que solamente

---

[27]El barrio popular Lucrecia Toris se encuentra en Los Mochis, Sinaloa.

---

[28]Dato que no se sabrá (en el aspecto plenamente lineal de cómo se desenvuelve esta historia, pero se sabrá hasta después en la historia, pero esto no es relevante para la trama.

[29]Si usted ya ha escuchado o vivido esta historia anteriormente, sabrá de antemano que esta persona volvió a aparecer en el aeropuerto Washington-Dulles. Usted sabrá, también, que se hablará un poco con ella, y como siempre pasa en los Estados Unidos de Norteamérica, cambiará la conversación a inglés "para practicar el inglés", lo cual causará un poco de escozor, pero entenderá, porque así es el entendimiento. Al saber que es posible que pronto cerraran todos los locales del aeropuerto, sabrá que habrá un apresuramiento en la búsqueda de un bar para beber algo antes de que comience el navidocalípsis. Mientras se bebe una cerveza de esas amargas que nunca le gustan a la gente que las prueba, siendo la última que se servirá en el bar, sabrá que la alemana desconocida pasará cerca y desaparecerá entre puertas y puertas y puertas y puertas y puertas de donde ya no saldrán más vuelos, hasta el primero que tome usted, hacia Los Ángeles, el 25 de diciembre de 2017. La persona, sabrá usted, es proveniente de Karlsruhe también, y estudia química, en la misma universidad que aquel estudió. Ella no sabe si va a hacer doctorado. Tiene un humor bastante rígido, y no parecerá que tiene muchas ganas platicar de todos modos. Es eso, o francamente NADIE quiere platicar NADA a las dos de la madrugada, como es adecuado, dadas las circunstancias de la velada. Las preguntas de toda la vida que quedarán inconclusas, como la sinfonía del mar. Rapa-papa-pan. Rapa-papa-pan. Rapapa-papa-papa-pa-pan. Lo importante es considerar que, de noche, todos los aeropuertos son iguales. Vacíos. Una mujer del aeropuerto, se acerca y ofrece una noche de hotel, lo cual es sutilmente rechazado por aquel, debido a que el vuelo sale a las cinco de la madrugada, y no hay mucho tiempo para trasladarse de un lado a otro. Modestia aparte, el espacio en el aeropuerto es suficiente para poder trasnochar sin mucho problema. Salvo las luces malditas que se activan por el movimiento. Tal vez, a veces, por el movimiento de los fantasmas que acechan la neutralidad de las terminales aéreas.

repican una vez e indican el fin de la conversación vacía del intercambio monetario por un servicio recibido, sin necesidad de comunicar algo más que la pinche necesidad de comer y la pinche necesidad de vender pan, que se esparcen en el espacio como siempre tienen que hacer mientras. `"Tanto puto pedo para un puto pan, pero pues bueno, ya qué, que chinga con esta pinche gente"`, pienso, mientras la vida se pasa volando, literalmente, volando por los lados y yo ahí haciendo bolas de papel con la bolsita que me dieron con mi pan.

Nos pasa volando, a todas, y a todos. Qué complicación.

En la revisión de materiales peligrosos (o ilegales, nadie juzga), veo a una alemana desconocida (que será relativamente importante en el transcurso del capítulo) con el rostro esparcido de confusión al quitarse los zapatos (y volvérselos a poner, con la misma cara repleta de confusión) atorada entre los aparatos de rayos Roentgen, y en este momento preciso, tomará el mismo vuelo hacia Washington-Dulles[28,29] que yo, y en alguna de las siguientes doce a catorce horas, se perderá entre un mar de gente y puertas cerradas (hasta la mañana).

Al final, después de un vuelo insulso, me quedo tocando trompeta en una de las tantas puertas[30] que componen el aeropuerto, mientras algunos empleados aspiran las últimas migajas de pan dejadas por las últimas personas de los últimos vuelos que salieron justamente en la víspera de navidad, mientras no suenan a lo lejos esas campanas que me recuerdan...

... tan sutilmente...

*... que ya casi llego a casa.*

---

[30]Pudo tanto ser la puerta veintisiete como la treinta. Todas las puertas son iguales, y todas las tiendas son iguales, salvo las muy específicas y sumamente cómicas tiendas temáticas que se pueden encontrar en los aeropuertos de los Estados Unidos de Norteamérica. Este aeropuerto en particular, tenía una poco preocupante carga política en las tiendas para compra ropa, banderines o pegatinas, que siempre es "cómico" tener, cuando tu piel no es tan... café. Que voy a saber yo, mejor me evito la cuádruple revisión "de rutina" al

---

cruzar la frontera, y no prosigo con este análisis.

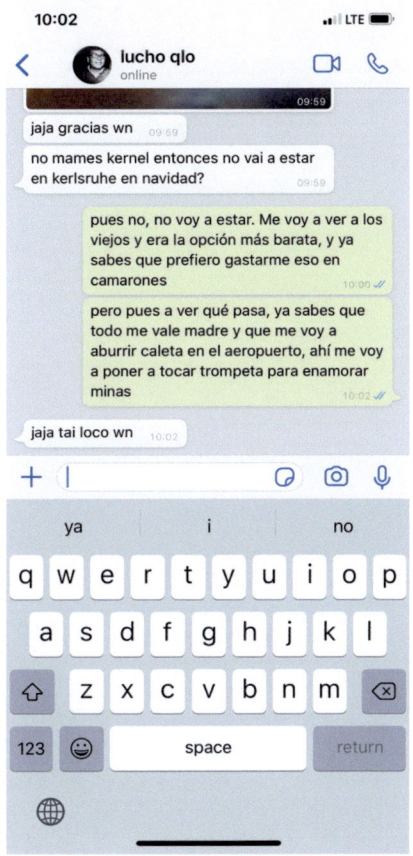

Conversación en línea entre Orlando y Luis Wladimir.
22 de diciembre de 2017.

24.12.2017.

Washington-Dulles, EE.UU. de NA.

18:30.

*Agente: Buenas tardes, señor. ¿Hacia dónde viaja?*

Orlando: A México. Allá vive mi familia. Voy para Tijuana vía San Diego y luego de ahí tomo un autobús de vuelta a casa.

*A: ¿Qué trae en la maleta?*

O: Se refiere a "¿en este momento? La trompeta, calzones, zapatos... "

[Orlando muestra signos evidentes de duda real sobre la respuesta]

[silencio]

*A: Hmmhmm... ¿Y cuánto dinero en efectivo trae?*

O: Ciento setenta pesos, cuarenta euros... unos seis o siete dólares...

[Duda se intensifica. Tensión física se convierte en una sonrisita pendeja.]

[más silencio]

---

[31]Pero ninguna como aquella vez que estuve en ███████████... puntos más, y puntos menos, el tipo de visa que tenía era para propósitos oficiales... por lo tanto, cero preguntas. Solamente... sellos, y eso fue todo. Mi padre siempre hablaba mucho de "la charola", un término mexicano que se refiere a cualquier identificación oficial que haya sido extendida por parte del gobierno local, estatal o federal. Como es común en muchos países de América Latina Unida, portar cualquier identificación con un dejo de "oficialidad" exime al portador de cualquier comportamiento y protocolo utilizado por el ciudadano promedio, lo cual de igual manera lo lleva a cometer atrocidades y atropellos que un ciudadano común y corriente no pensaría en hacer. Pero el comentario político no es algo que me interese en este momento. No por este momento. Nada de comentario político. Shta.

[Sello de pasaporte y firma de papeletas]

A: *Todo en orden. Que tenga un buen día, señor.*

&lt;/traducir&gt;

De las veces en las que mi situación legal ha sido interrogada por una autoridad aeroportuaria, esta fue de las menos dolorosas y más rápidas[31]. Quizás hasta de las mejores. Calificaría la situación con sólido 7/10: Hubiera preferido menos cuestionamientos. En otras ocasiones, sobre todo cuando viajaba menos, tenía siempre miedo de ser interrogado en los puntos de revisión de documentos legales para el tránsito entre países.

Cuando recién llegué a Alemania̶E̶s̶t̶a̶d̶o̶s̶ ̶U̶n̶i̶d̶o̶s̶, tenía siempre en mente N̶u̶e̶v̶o̶ ̶p̶a̶s̶o̶ ̶t̶r̶a̶s̶p̶a̶s̶o̶, mientras entregaba los papeles, como siempre pensando que no pertenezco a ese lugar y que me van a cuestionar todo. Entre menos preguntas, mejor. Nunca faltan las preguntas que están diseñadas para hacer desatinar al individuo que, de por sí, ya está nervioso por las preguntas que se hacen: *"¿Y usted qué viene a hacer acá?, ¿Por cuántos días viene? ¿Y tiene dinero para mantenerse a si mismo?"*. Malditas preguntas que a veces, no sé si se pueden contestar. ¿Acaso uno siempre sabe en qué hotel se va a quedar cuando recién llega a una ciudad? ¿Será que me huele la boca? ¿No me parezco a la de la foto? Nunca sabe uno. Más vale vivir (con cautela).

Pero bueno, 7/10. Lo volvería a hacer de la misma manera.

09.01.~~2017~~ 2018.

California. EE. UU. de NA.

14:45.[32].

---

[32]Siempre se me olvida cambiar de año, cuando cambia el año.

Los autobuses siempre me han entretenido sobremanera.

Desde que me convertí en un adulto (legalmente) consciente, he viajado en autobús[33], del estómago a la espina de la cornucopia de la bonanza con el brazo poderoso, para ir, y venir, a ver a los viejos, y convertirme lentamente en un adulto (realmente) consciente. Cada seis meses (nunca antes), visitaba a los viejos en autobús. No traía nada conmigo salvo una maleta pequeña con calzones, y al llegar a casa me comunicaba con los plebes[35], primera cosa en la mañana, antes de comer siquiera un poco de machaca con huevo, tortillas de harina calientes, y un refresco de cola con mucho hielo, cuando no, una cerveza

---

[33]Miento. Cuando tenía catorce años también viajaba en autobús. De las etapas que más recuerdo, era de una vez que viajamos a Guadalajara a visitar a unos tíos, y yo estaba emocionado con la idea de visitarlos; no por la visita en si, de hecho, Guadalajara es una ciudad que en ese entonces era mucho menos calurosa que Los Mochis, Sinaloa. Para tal efecto, uno podía dormir con la ventana abierta y, salvo algunos mosquitos de vez en cuando, se podía sentir el viento ir, y venir, y golpear ligeramente las ventanas del cuarto más alto de la casa de mis tíos, en Analco. Mi emoción por ir era porque tenía unos pesos ahorrados, y me quería comprar una consola de videojuegos portátil a color, y cuando venía en el autobús, veía la pantalla donde se reproducían películas que el conductor elegía arbitrariamente, hasta eso de la media noche, para permitir que la gente viera algo y se arrullara con el sonido de las ruedas sobre el asfalto. Esa vez, veía la pantalla del televisor a lo lejos, y tenía una resolución más o menos parecida a la de la consola de videojuegos. Me emocionaba la idea de comprar la consola y jugar con ella, porque era joven, y todavía no me destruía la ilusión de jugar videojuegos a pesar de que se burlaban de mí en la escuela por eso (y bueno, muchas otras cosas, que estaba gordo y que tenía acné)[34].
[34]No me compré la consola esa vez.
[35]véase nota [51].

helada, para olvidar que está haciendo frío (o calor, no juzgo).

En los autobuses, uno encuentra todos los sabores y colores de personajes no-recurrentes, que llegan y se van, así como aparecieron. En veinticuatro horas, compartimos un mismo contexto con estos seres humanos cuyo único punto en común es el destino y la partida, y en ellas se observa una baraja completa de individuos únicos, casi irrepetibles: Las ancianas que preguntan durante todo el viaje las mismas preguntas, *"oiga, muchacho, ¿por dónde será que vamos?"*... La respuesta nunca existe. No estamos, señora. No existe el tiempo. No esté chingando, quiero dormir. `Jamás he podido dormir en los autobuses;`

*ahem...*

; gente hablando indistintamente todas las cosas: Una señora, con un bolso gigante, lleno de cobijas, botanas para el camino, refrescos y entretenimiento variado, llama a su hijo, del lado opuesto del autobús. *"ven, pa' que hables con tu Tita[36], mijo[37]"*, "¡ay, no mamá!", contesta el infante, viendo a su madre con una cara que refleja indistintamente que *"me cagas, mamá"*, y *"necesito pensar en algo rápido para que me dejen de estar chingando"*[38], pero solo repica: *"No quiero hablar con mi Tita,*

---

[36] *Tita*: dim. alit. de *Abuelita*. Del lat. vulg. *\**avĭŏlus*'. 8. **f.** *Mex.* Locución de la palabra "abuelita" por personas con pronunciación deficiente debido a la edad reducida durante el aprendizaje del idioma español u otros males congénitos.

[37] *Mijo, ja*: alit. de *Mi hijo*. Del lat. '*filius*'. 12. **m.** *Mex.* Locución usada por personas con casos severos de edad inducida, para referirse despectivamente a aquellos que no han sido aquejados por dada situación. 13. **m.** Locución usada por personas en situaciones de poder o estatus elevado para demeritar a una persona en una situación de poder o estatus percibido como menor.

[38] *Chingar*: Del caló '*čingarar*'. 9. **v.** *Sin.* acción de molestar a alguien, usual-

*¡estoy ocupado jugando!"*. Un sórdido *"A ver, hijo de tu ~~rchingulísima~~* *madre, o hablas con tu ~~chingada~~ Tita o te voy a poner una chinga*[39] *para* *que veas lo que es bueno, ~~cabrónchingadaputamierdaenvergadomamabad~~'* resuena;

Pobre Tita. Nadie quiere hablar con ella.

Yo opino, que le haga como mi abuela hizo no hace mucho tiempo: La vieja se consiguió un teléfono inteligente, y de vez en cuando, me envía memes por la mañana, incluyendo por igual a Jesús Cristo, a Piolín[40], flores y frases elocuentes sobre rezar y que todo se puede conseguir con el poder de la oración, dadas las circunstancias, y que Dios Proveerá®. No es lo primero que esperaría ver después de no dormir ocho horas, por supuesto... pero ¡Chingada madre! si no me da risa cuando mi padre necesita ayuda con su *chingado aparato del infierno*, o cuando pone videos provenientes de las redes sociales a todo volumen, mientras esperamos que el doctor similar, me revisa la próstata (porque ya no sirve igual (que antes));

*pero divago...*

---

mente con el fin de sacarles de quicio y provocar una respuesta de enojo o absoluto hastío por la vida.

[39] *Chinga*: De or. amer. 16. **f.** malson. *Méx.* una paliza; una golpiza, emocional o física, que se impone en el otro, con el fin de dar una lección, establecer una relación de poder o simplemente, por chingar al prójimo (véase nota anterior)

[40] Piolín es el pájaro de caricaturas que, por razones que no son muy evidentes para nadie, tiende a aparecer frecuentemente en imágenes meméticas de mujeres de edad avanzada. La razón de su presencia es, aún hoy en día, un absoluto y total enigma para los investigadores de los fenómenos socio-meméticos del siglo veintiuno.

; están también los Gordos Country®, los gordos nefastos que hacen de

---

[41]El sombrero *ten-gallon* no es una medida de cantidad de líquido que puede sostener el sombrero. Por el contrario, el Internet dice que este nombre surge debido a que, en el viejo Oeste, los mexicanos se referían a la gente con estos sombreros como "tan galán".

[42]Lentes que usualmente son utilizados por narcotraficantes en la actual narcocultura basada en estereotipos del norteño mexicano. También fueron usados, en su momento, por gente que en verdad piloteaba aeronaves.

[43]*Lonja*: del Fr. *"longe"*, 4. **f**. *Sin*. Región lateral de la panza formada en algunos individuos 5. **f**. *Guad*. En las culturas prehispánicas `[cita requerida]` dícese que cuando el hombre o la mujer alcanzan plena iluminación espiritual a la edad superior a los treinta años, la cúspide de la iluminación espiritual en el adulto promedio mexicano se acumula a los costados en la región de la panza `[cita requerida]`.

[44]Comida típica del norte de México, que consiste en una tortilla de harina de trigo, envolviendo un relleno y guardada al alto vacío `[cita requerida]` para su transporte en distancias extremadamente largas o `viajes cortos, realmente nunca importa la distancia. Lo importante es, que siempre tienen que estar sudando, ese sudorcito que sale en la comida cuando hace demasiado calor, sobre todo cuando la humedad ambiental relativa es superior al ochenta por ciento.`

[45]La machaca es una comida típica del norte de México, que consiste en carne de res secada al sol, y posteriormente licuada para formar una fina fibra de carne, que se puede conservar por meses en refrigeración rondando los 4 grados centígrados. Se utiliza en la preparación de platillos como machaca con papas, machaca con verdura, o machaca sola, machaca *a las brasas, hervida, frita, a la plancha, con ajo... hay brochetas de* machaca *también,* machaca *criolla, caldo de* machaca, machaca *empanizada, rebozada, sofrita...* machaca *a la pimienta,* machaca *al limón,*machaca *con pasta,* machaca *canapeña... sopa de* machaca, *estofado de* machaca, *ensalada de* machaca, machaca *con papas, hamburguesa de* machaca, *sanduche de* machaca... *creo que eso es todo...* para los estudiantes pobres de licenciatura o pregrado. Los estudiantes de posgrado usualmente tienen suficiente dinero para comprar verduras y tener un poco más de dignidad, posiblemente debido a que ya no es lo mismo, a cuando uno puede durar días bebiendo alcohol sin repercusiones físicas (cuando menos, no notables en el corto plazo).

cualquier viaje en medio de transporte terrestre, acuático, rupestre o interestelar una experiencia única. Los imagino con su sombrero *ten-gallon*[41], lentes de aviador[42] y unas lonjas[43] prominentemente fuera del pantalón; montados a bordo de una motocicleta muy pequeña. Este par ocupa la enteridad del asiento conjunto número 33 y 34 y pasan deteniéndose cada que es posible para comprar burritas[44] de machaca[45], burritas[46] de frijol; que la coquita[47], que "pasar por el OXXO[48]" por unas galletas... Hablando, hablando... hablando *todo el pinche tiempo.* *"Ira, me quedaron cien bolas*[49] *en el otro pantalón"*, se escucha entre pausas de las canciones en mi teléfono móvil; usualmente, los gordos traen a un segundo gordo, distinto al primero, que a las diez de la noche (siempre en punto) comienzan el ritual de pedorrearse como si no hubiera mañana, y mueren de risa discutiendo al respecto con el gordo original: *"No mames, me pasé de ▓▓▓▓▓, JAJAJAJA"*, se ríe el más

[46]Léase nota [44], ídem.

[47]*Coquita*: Dim. de Coca-Cola® . 1. **f.** *Mex.* Refresco de cola de la marca Coca-Cola® con contenido menor a un litro de líquido por envase. Dependiendo de lo ancho del culo de la persona, la cantidad a la que "una coquita" se refiere, puede variar bastante. Una persona con una masa superior al promedio de setenta y cinco kilogramos, puede pensar en esta unidad de medida nacional como un litro de bebida.

[48]*OXXO*: Del ???. "*???*", Abr. de ???® . 1. **m.** *Mex.* Tienda de conveniencia proveniente de Monterrey, México, que tomó mucho auge durante el principio del siglo XXI, como el reemplazo a las tiendas de conveniencia locales, sobre todo por el factor de *conveniencia*, repetibilidad, facilidad de pago, accesibilidad y disponibilidad de marcas y servicios. Puede pensarse como el Facebook® de las tiendas de conveniencia en México. Actualmente, es posible hacer depósitos de dinero en efectivo, comprar boletos para autobuses, comprar un teléfono móvil y todo lo que se puede esperar de una tienda de conveniencia. Excepto que más...¿conveniente?.

[49]*Bola*: Del occit. "*bola*" y este del lat. *bulla*, 'burbuja, bola'. 17. **f.** pl. *Sin.* unidad monetaria nacional. Equivale a un peso mexicano (MXN).

gordo, mientras el segundo gordo se cubre la nariz y ríe con cautela, *"para no despertar a los demás"*; tampoco falta el muchacho flaco que viene solo y que nunca habla, nunca ve la televisión, no murmura nada; El flaco pasa las veinticuatro horas en el autobús, dormido, dando tranquilidad y una áspera sensación de ansiedad al mismo tiempo, pero no hay que temer, como se le teme a lo desconocido;

[50]

---

[50]Mientras iba en camino hacia San Francisco, tuve el placer de ver como la lluvia convertía el camino hacia San Francisco tan... vacío. Siempre me ha dado miedo viajar con lluvia. Viajar, en general. La costumbre de lo aburrido me atrae como concepto, como idea de lo que puede y no puede matarme antes del fatídico final final. No lo busco activamente, pero tampoco espero que llegue antes de tiempo. El reloj, se mueve. La lluvia cae lentamente, lluvia lenta y débil, pero que hace que todo se vea en el mismo tono gris y triste; me recuerda al lugar en donde vivo. Cada invierno, todo se vuelve... gris. La gente, el mundo. A veces, nieve. A veces nieve cambia el tono de los árboles perennes que están cerca de mi puerta. *Mi bosque.* Qué absurda idea. El bosque que no es mío, ni de nadie.

*ahem...* Pero divago.

; están también las señoras con sus pinches plebitos[51] quejándose de que están aburridos, lanzándose objetos mutuamente, para estarse chingando, y chingando a los demás adultos responsables[53] en el camión; de repente, en un asiento adelante de mí, diviso a una bestia nueva, que no había visto anteriormente: **El catrín**, sosteniendo con un poco de pena su teléfono móvil y moviéndolo tambaleante entre sus yemas, comunicándose con su amante vía mensajes de texto (porque todavía es mil novecientos noventa y nueve para un muy específico sector de la población), diciéndole, en palabras de Luis[54], "pura puercada". Al **catrín** le funciona, por lo menos, a simple vista porque a mí qué me importa lo que esté haciendo otra gente en el camión... pero bueno, es más entretenido que no recibir mensajes de texto porque ya es bastante tarde... no importa el huso horario, siempre es tarde. El **catrín** envía un mensaje de texto de contenido cuestionablemente sucio a su amante, y se nota nervioso por la respuesta que obtendrá acto seguido. ¿Será que le gusta, será que no le gusta? Enseguida empieza a

---

Porque nada nos pertenece.

[51]*Plebita, to*: Dim. *"Plebe"* del lat. *"plebs","plebis"*. 3. **m**. *Sin.* niño. 4. **f.** pl. *Sin.* Personajes femeninos que uno se está turiqueando[52].

[52]*Tu·ri·quear*: 1. **v**. *Sin.* Acción de cortejo mediante el uso de labia, mentiras, y en casos extremos, de la falsa pretensión de poder atribuido al dinero.

[53]A mí. Me cayeron sus putas botellas a mí.

[54]Luis es un parcero que conocí en condiciones jamás especificadas, y la conversación no fue necesariamente conmigo, pero fue más o menos así: "Marica, usted dígales puercadas a esas viejas; dígales hasta de lo que se van a morir, va a ver que así, le van a responder de una". Los términos específicos de la conversación no son claros nunca, pero la idea más o menos va por esa línea.

borrar texto. Vuelve a escribir texto, revisando cada palabra, sin importarle la ortografía o la gramática (`y por extensión, la decencia`). De una vez, escribe ávidamente que extraña (`porque en este punto ya no me importó la decencia a mí y quería saber qué era lo que esta persona tenía entre manos... sí, júzguenme duramente, no me importa. El aburrimiento mata más pronto que gardenal con jugo de guayaba`) el sabor de las ▮▮▮ de su amante, el sentir sus ▮▮▮▮▮ entre la resequedad solitaria de sus labios. De probar los jugos de su ▮▮▮▮▮[55]. Un texto largo, sin respuesta en cinco. Diez. Veinte minutos. Veinticinco minutos.

Comienzan las preguntas y cuestionamientos: Si hizo algo mal (o algo bien, o algo mal), si será que todo fue muy pronto. Que no tiene ganas de contestar. ¿Qué pasó? Nadie sabe.

El catrín escribe rápidamente la disculpa [sic]:

> perdon mi amor pero no te keria ofender tas bien

---

[55]▮▮▮▮ Del Fr. "*Panoché*" 1. **f.** *Sin.* Órganos sexuales de la mujer. `Como`

[silencio] [Silencio muy -- largo]

---

autor, no encontré una traducción más apropiada a la situación
literal [sic] ''de kerer probar tu ███████'', siendo ██████ la palabra
más adecuada, dado el contexto, y que se está siguiendo el protocolo
de hablarle sucio a la interlocutora en esta conversación, con el
fin de cortejarla. La panocha también se refiere a la panela, como
se le conoce en Colombia, que es un subproducto del procesamiento de
la caña de azúcar, durante el proceso de refinación, que se utiliza
para endulzar pan, o bien, como una bebida simplemente, sobre todo
en Colombia. La panela, en México, sin embargo, es un queso fresco
de consistencia suave y altamente recomendado en dietas de bajo
contenido graso, al tener grasa reducida.

Perdon mi amor... es q me
klentast mucho, ya no puedo
debar de pensar en ti, yo te
xtraño mucho ia ven a la ksa
x favor

El **catrín** borra el mensaje de inmediato, y continúa cazando las palabras entre otras perdidas por el terror de decir las equivocadas, como lobo detrás de un venado herido en la oscuridad del bosque negro. Ahora, envalentonado por haber atinado la flecha al corazón de la mujer que capturó su corazón, escribe más rápido. Con más emoción, más todo.

Más suciedades.

Más detalles y más lenguaje procaz.

---

[56]Ciudad colindante en Sonora, México, con la frontera de Sinaloa, México.

[57]Universal en el micro universo que es México. No se considera saludable que haya perros abajo de la mesa en ningún otro contexto. Posiblemente en China. Nunca he estado en China.

[58]Debido a la gran cantidad de productos que se envían de México a Estados Unidos de América, y por el tráfico de armas y drogas en la ruta, existen a lo largo del camino retenes militares que hacen una revisión exhaustiva de pasajeros para evitar el paso de los productos anteriormente mencionados.

[59]Población ubicada en el centro de Sonora, México.

> no sabes lo rico ke te lo kiero aser mamita rica

Esto ocurrió aproximadamente en Navojoa[56], antes de que el conductor decidiera que bajáramos por tacos con perros debajo de la mesa, símbolo universal[57] de la calidad de unos tacos. Cuando nos bajamos en el tercer retén militar[58], por ahí de Sonoyta[59], el **catrín** ya había recibido una amplia dotación de halagos y textos sensuales donde se describía con lujo de detalle [sic]:

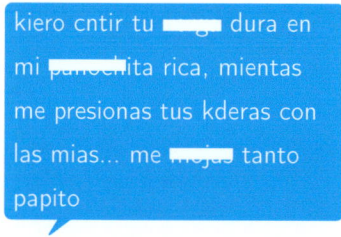

> kiero cntir tu ███ dura en mi ██████ita rica, mientas me presionas tus kderas con las mias... me █████ tanto papito

> ya kiero tu ███ en mi bok y lamerla, ke me llenes por todos lados, lentito, y luego duro duro DURO ya kiero tu ███ papi

Nadie dijo que los textos sensuales tienen que ser obras poéticas, pero me sorprende la poca variación en el romanticismo erótico del léxico vulgar de camión de paso... Bueno, yo qué voy a saber. Tal vez sería más complicado hablarle sensual y bohemio a alguien si pretendo ponerme intenso con el tesauro. Y con el corrector gramático.

No sé, algún día lo voy a probar.

*pero divago...*

; los ancianos que van viendo al horizonte y que los mandaron desde Tijuana[60], haciendo decenas de transbordos, posiblemente hablando poco (o nada) de inglés;

en algún momento, sigo escuchando las mismas canciones del teléfono celular: Las mismas cumbias (qlas), intentando taladrar las canciones en mi cerebro para que, la próxima vez que se me ofrezca tocar cumbias en una fiesta, ahora sí tendré un repertorio suficientemente bien planeado para tocar hasta que me duelan las manos. Me pregunto... ▄ ▄▄ ▄▄▄▄

▄▄▄▄ ▄▄▄▄ ▄▄▄▄ ▄▄▄▄ ▄ ▄▄▄▄ ▄▄ ▄▄

▄▄▄▄▄▄... ▄▄▄▄ ... ▄▄▄▄ ▄▄▄▄ ▄▄▄▄▄▄, ▄ ▄▄

▄▄▄▄ ▄▄ ▄▄ ▄▄. ▄▄▄▄ ▄▄▄▄ ▄▄▄▄[61];

---

[60]Población colindante entre San Ysidro, en California, Estados Unidos de América, y la frontera con México.

[61]▄▄▄▄▄▄▄▄▄▄ xxxxxxxxxx, xxxx x ▄▄▄▄ xxxxx ▄▄▄▄▄▄ ▄▄▄▄ , xx ▄▄ xx xx xxx xx xxxxx xxxxxxxxx xxx xx xxxxxxxxx xx xxxxx. ▄ ▄▄ xxxx xxxxxxxxxxxxx xxxxx, xxxx xxxxxxxxx x xxxxx xxxxxxxxxxxxxxxxx. xxxxxx xxxxxxxxxxxx ▄▄▄▄▄▄ xxxxxxxxxxxxxxxxxx xx▄▄▄▄▄▄[62].

[62]Todo este texto fue borrado porque, como muchos pensamientos fugaces, tiendo a ponerlos como si fuera algo cómico, pero no son otra cosa que pensamientos fugaces sin mayor implicación "en mi mente". Como la implicación era algo con lo que no estaba de acuerdo, simplemente era algo que consideraba cómico, decidí quitarlo porque no fue algo que yo pensara "wow, genio de la comedia, debería de haber más pedazos así a lo largo del texto", y "así han terminado carreras, por desacuerdos y malinterpretaciones."

Las señoras copetonas que hablan todo el camino por teléfono, diciendo las mismas pendejadas y platicando con las comadres todo lo que está aconteciendo a cada paso del camino: "*No comadre, imagínese ... pero ¿Santo Jesús, a qué huele?, bueno, le iba diciendo, vamos bien, allá llegamos con mi tía, la que vive en Otay... sí comadre, vamos bien, los niños inquietitos*"; Los que van con el teléfono móvil viendo videos de Facebook; Los señores bigotones que no entienden el concepto del uso de audífonos y ponen videos de memes a todo volumen para que todos sepamos que están viendo memes en redes sociales.

```
Todos terminamos siendo un personaje
no-jugable en el juego de rol de
alguien. Todas terminamos formando
parte de una historia de la que no
sabíamos que íbamos a protagonizar.
Siempre en la limitada condensación de
los hechos ocurridos en una historia
paralela de la que no formamos parte.
```

El variado microecosistema del camión de paso, como los ecosistemas mismos que nos rodean. Excepto que son mucho más frágiles, porque existen mientras el autobús anda... y luego se detiene cuando nos detenemos. Se detiene con los olores del sanitario portátil que vuelve un enclaustramiento temporal en la peor tortura imaginable, porque es cansado oler ese ... ni siquiera yo sé qué es eso. Algo preocupantemente fétido pero a la vez tan familiar a tantas veces que he estado enclaustrado para llegar a un destino difuso que no tiene mucho de lo que llamamos "hogar"... simplemente donde posar un poco los viejos huesos antes de continuar el círculo infinitamente de desgastarlos hasta que tengamos suficiente edad para pasarla bien... qué horrible esa noción de trabajar hasta que nos truenen los meniscos[63].

No sé. Extraño mi bosque[64].

---

[63]Las formaciones rocosas de La Rumorosa. Tremendo espectáculo visual, aunque peligroso, según me contaban los viejos. Es posible ver camiones que fueron volteados por el viento a lo largo del trayecto, subiendo lentamente, cuando uno le pierde el miedo a ver hacia abajo y observa ese cementerio de vehículos automotores de carga pesada. El cielo azul delineado por las formaciones rocosas de milenios de antigüedad. Las cruces. Cruces por todos lados. Cruces sin nombres. Cruces de todas las muertas y los muertos que no sobrevivieron el trayecto y ahora están cuidando a los que la cruzan / poniendo rocas en el camino para que les acompañen a cuidar a las que la cruzan. Comienza el tramo peligroso, de repente, porque se ven las señale que la muerte está cerca. Como... cambiamos el planeta para servirnos, para cruzarlo a nuestra conveniencia. A veces, no podemos controlarlo. Peligro de deslaves. Todo el tiempo. Formaciones rocosas indómitas. Nada puede detener a las rocas de destruir a las tijeras, al papel, al autobús: A todos. A todas.

[64]Otra vez con la pertenencia forzada de lo intangible.

[Pausa Larga]

07.01.2018.

Frontera México/Estados Unidos.

10:26.

El simple hecho de saber que esta vez arribé a una central camionera y no a un edificio cuestionable en un barrio cuestionable en medio de la nada (cuestionablemente vacía), allá arriba de los cerros de Tijuana (tequila, sexo y mariguana), me da un poco de... un mucho de... no sé cómo llamarlo. ¿Comodidad? ¿Le puedo llamar así a saber que ya casi me tengo que ir, que estoy, que llego y casi no estoy? Nunca he sabido. Solamente sé que después de un año nuevo sin mucha actividad, muchos recuerdos de mis tías que "estás más repuestito, m'ijo"[65] y comer tacos después de tres interminables años de tener que hacer los míos propios con carne molida. `Volver a la situación de antes, me reconforta bastante el corazón.`

"Un taxi a la línea, compadre[66], por favor. ¿Cuánto me cobras?"

*"150 pesos, viejón."*

`Hijo de la chingada, ¿No le pierdes, cabrón? ¡Si son menos de cinco kilómetros a la línea! ¿O será que ya no sé cuánto cuestan las cosas hoy en día?`

El camino es relativamente callado. No muchas preguntas. Usualmente,

---

[65]Código de tías para comentar que uno se ha puesto gordo (y feo) `Bueno, lo feo no, pero eso es más por el contexto.` ¿Cuál contexto, Orlando? `No sé, Orlando, el contexto de los azotes, sht. Ya, conversación terminada.` Uy, uy, uy... OK.

[66]*Compadre*: Del lat. *"compăter, -tris"*. 7. **m**. *mex*. Manera amigable de referirse a un desconocido, usualmente en el sector de servicios, para crear un lazo de familiaridad y relación amistosa, para obtener un *quid pro quo* ya sea económico o emocional. `En mi caso en particular era para evitar que me asesinara a cambio de los setenta pesos que traía en el bolsillo, porque le temo hasta a mi propia sombra cuando llego a Tijuana.`

no tengo una preferencia en cuanto a las preguntas. Siempre tengo que preparar el discurso, por ese irracional miedo a que me asalten o me maten por el lugar de donde vengo:

"A ver, entonces, vengo de Los Mochis, voy a la línea, de compras, a comprar unos Levis®, porque los que tengo ya están rotos... pero ¿Por qué traes la maleta llena, y pesada como las mil chingadas? ¿Será que le digo que trabajo vendiendo impresoras? Sí, eso le diré. Que vengo a visitar a un cliente con unas impresoras. ¿Pero por qué traería todas estas cosas a visitar a un cliente? ¿Qué cliente necesita un kilogramo de flor de jamaica? La historia no tiene sentido, tendré que cambiarla.".

```
                        [Silencio]
```

"El taxista no dice nada. Bueno, supongo que no me va a decir nada. Puedo vivir en paz."

Y nada se dijo.

En el camino entre la garita de San Ysidro y la terminal internacional de autobuses de Tijuana, se pasa por una parte de la frontera en la que, a la izquierda, se puede ver Tijuana, majestuosa y sobrepoblada, y el vacío de San Diego a la derecha, con sus calles perfectamente cuadriculadas y pasto verde. Cosas de fotografía que uno quisiera documentar. Lamentablemente, esta imagen solo dura apenas unos segundos, puesto que se baja la pequeña loma que uno atraviesa para llegar a la garita. Bueno, ya será en otra ocasión.

Así habló el taxista.

07.01.2018.

Frontera San Ysidro/Tijuana.

11:16.

*"¿Pa' dónde va, compadre? Lo llevamos a donde uste' diga, vamos pa' aquí, San Diego, Santa Ana, Los Ángeles"*

Definitivamente sería buena idea salir directamente a Los Ángeles... A ver. Momento. Son... cuarenta y cinco minutos a San Diego, vía Trolley. Luego, si todo sale bien va a haber un tren que sale a Union Station.. tres horas y media, mínimo. Ya van cuatro horas y feria[67]. Hmm, bueno, espero que sean menos de dos horas si me voy con estos ~~hijos de su reputísima madre~~. Si no son menos de 3 horas, me voy a poner una puta emperrada de aquellas...

*"¿Cuánto cobra pa' Los Ángeles, jefe? ¿Y en cuánto sale?"*

*"Ya, ahorita patrón. Veinticinco bolas."*

Así ha muerto mucha gente en las películas, en las que absolutamente todo apunta a que esto es un esquema de trata de personas. Sin embargo, saliendo justo ahora, y de aquí de la frontera, llego más temprano y no tengo que esperar el tren más lento del universo. Hmm. Complicada decisión.

*"¡Fierro pues! ¿Dónde los busco?"*

*"Ahí en la salida, patrón, se va atrás del ~~McDonald's~~, ahí están los Corre Caminos Tours, ahí se ve luego."*

Obviamente estos hijos de la chingada tenían que tener un nombre así de carismático. Pues bueno. Habrá que tomar la vagoneta misteriosa.

---

[67]En el norte de México, a las fracciones de cualquier unidad se les denomina como "feria".

07.01.2018.
Frontera San Ysidro/Tijuana.
10:53.

Como me hubo ocurrido en ocasiones anteriores, y como me ocurrirá por el resto de la vida, el oficial de inmigración me inquiere como si fuera el ser humano más despreciable y vil cruzando la frontera después de un ataque *zombie*, rodeado de ametralladoras de alto calibre, apuntando a mi cabeza, que muy probablemente podría ser agujereada como coladera en cuestión de minutos. El oficial comienza inquiriendo miles de preguntas sobre mi situación legal. *"¿Cómo que vive en Alemania?"*, remite el oficial de manera muy oficial "Sí, hice una maestría en física allá y encontré trabajo, y ahora soy ing..." replico sutil pero seguro, y me interrumpe el oficial abruptamente, dando vueltas y vueltas a las hojas del pasaporte al unísono del reloj de mesa junto al teclado de la computadora. *"Sí, sí, ¿De dónde viene?"*; esboza el oficial muy oficialmente, terminando de ver todas las hojas del pasaporte. "De Los Mochis, Sinaloa", matizo, con la gracia y porte de una persona que ya tiene tanto tiempo pretendiendo que sabe lo que hace enfrente de un oficial de inmigración. *"¿Y qué trae en la maleta?"*, cuestiona el oficial, observando con tirria las maletas que cargo. "Hmm... pues traigo unas máscaras de fariseo, unas sonajas, unos tenábaris, pantalones, calzones..." enlisto haciendo memoria de la posición de los objetos en la maleta, como si fuera de conocimiento general un gran porcentaje de las palabras dichas, y no regionalismos sinaloenses que, dado el contexto, el oficial no tenía por qué entender, de menos no oficialmente. El oficial, con alta (y oficial) duda, me observa en silencio, y murmura a su compañero de cabina: *"¿Hey, Johnson, puedes venir a revisar esto? Digo, se ve legítimo, pero no lo sé..."*

Y así se pasan algunos minutos donde me observan. Observan los papeles. Intento mantener la vista fija en el oficial, pero a veces simplemente no puedo. Me quiero dormir y no dormitar sentado en un autobus que por poco me saca de quicio y me hace querer poner fin a esta tortura que es no dormir, observando de repente al infinito, como si algo fuera a cambiar la situación en la que me encuentro ahora envuelto. Más vueltas y vueltas al papel.

[Estampado de pasaporte]

*"Bueno caballero, pase por favor, y que tenga buen día."*

Me estoy muriendo de sueño. Espero que pueda dormir.

Carretera ¿5?.
???
??:??.


[Suena música de banda al fondo]

Lo más importante es siempre tener carga en los audífonos inalámbricos. O tener audífonos alambrados. Me tendría que poner a pensar si puedo alcanzarlos con la mano, aún si tengo que tocarle sin querer el trasero a un viejo. La primera parada es en San Diego, cerca de la estación de trenes. Un grupo de gente sale, dejando un poco de espacio en el asiento trasero. Sin embargo, la ligera sensación de espacio se borra lentamente mientras gente con culos progresivamente más anchos y más deformes se introduce en la pequeña vagoneta que apenas anda... pero de menos anda (aunque despacio).

Las vagonetas en dirección hacia Los Ángeles siempre vienen bastante atiborradas, y el único espacio disponible se encuentra usualmente en la parte trasera de la misma. En un sutil intento de maximizar la comodidad de todos los pasajeros (pero más la propia, por que creo que será la última ocasión que voy a poder hacerlo sin causar un solo suspiro), extiendo el brazo derecho por encima de la señora a un lado mío, me pongo (por fin) mi audífonos rosas alámbricos, y pongo música de la que le gusta. Aproximadamente una hora y media de música de un tirón. Suficiente tiempo para llegar a Los Ángeles.

[espacio]

La vagoneta reduce la velocidad cerca de un punto de control de inmigración. Nunca había visto uno de esos, dado que nunca había tomado una vagoneta para cruzar la línea fronteriza. La camioneta se detiene en un punto arbitrario, marcado con un anuncio que dice "Todas las vagonetas DEBEN detenerse aquí hasta ser llamadas".

Nadie llama.

Esperar.

Nadie llama.

Después de una tortuosa pausa camioneta arranca. "Debió ser un ..."

[más pasas]

La vagoneta se acerca a ~~Santa Amarés~~. Una ciudad costera, que nunca había visitado. Tiempo después, me enteré que ~~Santa Amarés~~ es la parte de ~~Los Ángeles~~ donde viven todos los inmigrantes (latinoamericanos, en su mayoría). Siempre es curioso observar cómo se funcionan las ciudades que uno no conoce: San Francisco, un lugar que desprecio y aprecio al mismo tiempo cuando la visito, porque es un lugar donde pasa todo lo interesante, cosmopolita, políglota y saturado; de igual manera, pasa lo más despreciable, terrible, abominable y terrorífico de la sociedad norteamericana en la distancia cubierta por veinte cuadras (más o menos, no sé qué distancia exista entre el *Great American Music Hall* y el barrio chino. La última vez que fui, estaba un tanto borracho y estuve buscando comida a las dos de la madrugada. Estaba caminando con Micha, un griego que está estudiando en Suiza y que por razones que me evaden, también buscaba comida en ese momento[68]. Llegamos a la gallina dorada, un restaurante chino que tenía arroz frito (muy malo) y una sopa Wonton (también muy mala)[69]. San Francisco es también ese ejido pequeño, aburrido (en otros tiempos), localizado a escasos kilómetros de Puerto Vallarta, en Jalisco... en México. Tiene la playa. La playa más hermosa que había visto hacía tanto tiempo. Ese lugar que es y no es al mismo tiempo, que es colores y eso que tanto odio del otro San Francisco: Un puerto gentrificado por gringos con suficiente dinero para pagar a los oficiales del catastro para poder comprar tierra que no les pertenece. ¿Necesita permiso de uso de

---

[68]Me quejé durante todo el camino que cómo era posible que una ciudad tan grande no tenga comida en cada esquina abierta a todas horas. Qué horror.

[69]De regreso, vi a un vagabundo arrastrarse por la calle gritando incoherencias. Una persona estaba dentro de la tienda de Mac viendo alguna cosa en Internet. Situaciones muy extrañas, pasan en la madrugada.

suelo? Ah, ¿no tiene residencia mexicana? Hmm, pero ¿esa tierra es propiedad del ejido y se la van a dar por abajo del agua?

*"No hay problema, patrón. Usted ayúdeme a ayudarlo, con un apoyo para el trámite administrativo".*

`Qué horror. Todo.`

La posible ruta de la conversación que ocurrió en algún cabildo anónimo entre un burócrata anónimo para que *John Doe*, sombra que lleva el nombre de todos los abusos que se han hecho en nombre del dinero y en contra de los derechos ejidales, en menor medida, o en mayor medida, como una casita de adobe en San Francisco, o un hotel de cinco estrellas en los manglares de la rivera maya; sombra que no habla una oración de español, pero tiene suficiente dinero para ignorarse como si eso funcionara en el caso opuesto; sombra, nada más, que solo sabe que tiene suficiente dinero para comprar justicia, para comprar tierras, para comprar paz. Para desplazar y oprimir. Para matar sin hierro, afilado o acelerado por combustión. *John Doe*, hijo de la gran puta. San Francisco. Santa Anales. Todo con un acento, una inflexión tan... americana. Que a los colores morenos, suena tan sofisticado, en voces de caras blancas. Tan tristemente... familiar, que deja de ser español, tan lentamente. Santa Anales.

Por fin, en Santa Anales, se detiene la camioneta a dejar a algunos pasajeros.

Mis rodillas ya tienen dejando de ser rodillas desde hace tiempo. Ahora cada hora que pasan un poco dobladas, el dolor se empieza a acumular. Primero lento. Como cuando a uno se le duermen las piernas cuando se sienta en el parque a escuchar música y tomar una cerveza fría. Como una rana en agua hirviendo. No encuentro... el momento en el que empiezan a doler. Simplemente empiezan a doler. Cada vez más fuerte, como cuando empezó esta situación del dolor de rodillas, esa vez que estaba borracho y me equivoqué de dirección saliendo de la cantina esa, y llegué a un lugar que no me llevaba a casa. Y empecé a correr, tan lejos como pude, y llegué a donde el colectivo me llevó a casa. Y empezó el dolor. Súbito. Lento. Cada vez más fuertes.

Tras algunos minutos y después que pude extender las piernas a lo largo del último asiento de la camioneta, esta sigue su camino, hacia las Águilas. A dos cuadras de avanzar, la camioneta se detiene a cargar gasolina y recoger a otro individuo, mientras hay un poco de música de banda al fondo. Siempre música de banda.

Encuentro una señal de red inalámbrica. Abierta. Puedo conectarme. Entran todos los mensajes.

Algunos mensajes se atiborran y solo sale una notificación "Usted tiene algunos mensajes".

Solo necesito que salga uno.

07.01.2018, 10:23

A que hora llegas!?!

Para programarme

Buenas! Deja veo en dónde estoy primero porque nos paramos en siete mil lugares.

Bueno, en teoría estoy en Piedra a las 9 AM, yo calculo hora y media en la linea para cruzar, 45 min a Las Piedra y 3 horas a BCN.. Debo estar llegando a tu puerta a eso de las 14 horas.

07.01.2018, 12:19

Va

Suficiente Internet para que se haya mandado un mensaje.

Suficiente por el momento.

102

Los puentes siempre me parecen familiares, pero que resultan familiares porque todo en ~~las Ghds~~ es exactamente igual. Los puentes, los anuncios, las palmeras. Los mismos vehículos. Veo por una lado en la carretera a una chica con una camioneta Jeep, cargando un gigantesco mueble con la ventana abierta. La camioneta está cubierta con calcomanías de bandas de punk rock que pueden o no haber sido pegados por ella, que pudieron ser pegados por su hermano más grande que asistió a esos conciertos y compró las pegatinas para convertir . ``Ya uno no puede saber hoy en día'', reflexiono, mientras sigue viendo por la ventana. ``En fin, en la vida también me he equivocado con estos juicios que hago tan súbitamente'' Todo... Todo parece exactamente igual. Los automóviles. Toda tan familiar, pero distinto.

La vagoneta gira en dirección a una calle amplia. Aparentemente, ha llegado al centro. Cerca de la estación de autobuses del centro, aparentemente. Comienza la segunda descarga de mensajes.

07.01.2018, 20:21

Ok

Updateame

Estoy crudísima

07.01.2018, 23:03

Aqui estaré en la casa.
Esperándote.

Tienes hambre?

Bajo de la vagoneta, y busco. Espero, veo. Nada familiar. Todavía, sin Internet. Ni señales de Internet inalámbrico sin contraseña. Habrá que hacer la inspección de terreno, como se hacía a la vieja usanza. "¿Buenas, oiga... tengo una duda... para dónde es para la estación de metro?" pregunto, esperando que hable español (obviamente habla español, Orlando, por favor, de qué estás hablando), *"Uy, joven, ni idea, yo ni vivo acá"*, contesta el conductor, relajadamente. "Hmm, chingado, bueno... ¿Entonces dónde queda ██████████?", esperando que sepa cuando menos ese dato, para ubicarme *"Ah, ese si conozco, de aquí dele a la derecha y se va derecho"*, "Genial, ¡Muchas gracias!", respondo, con la misma sonrisa pendeja de siempre para señalar que todo se entendió correctamente.

Las calles de ██████ son un espectáculo, por decir lo menos al respecto, de absoluta locura e intoxicante desigualdad. Olor a basura y orines por todos lados. Hombres de todos colores que claramente acaban de fumar piedra y están absolutamente perdidos en el universo. Mujeres de todos los colores con los senos al aire, evidentemente también bajo efectos de la piedra. Y apenas es medio día, Santa madre de Jesús cristo. Casas de campaña con gente adentro, gente afuera. Un hombre de aspecto latino con una hermosa escultura en madera, parecida a un árbol en pleno invierno; huesos que se convierten en flores y verdor en tres meses, señal de que todo es un ciclo, y todo vuelve a la vida. El hombre espera pacientemente el autobús.

Siendo el hombre cauteloso (y sumamente desconfiado) que he sido toda la vida, pregunto de nuevo a una mujer de aspecto latino que bajó en del mismo autobús que yo. "Ah, oye, disculpa... ¿Al ████████, cual tengo que tomar?"

*"Ah, sí, aquí puedes tomar el bus... ████ o el ████".*

"¡Ah, genial, muchas gracias!"

El desfile de locura no se detiene. Más hombres y mujeres hablando con el aire. Olor a orines, a gente, a basura.

Otra señal de red inalámbrica. Otro grupo de mensajes entran y salen.

Se desconecta el Internet pues ya ha pasado una hora desde la primera conexión. "Sí, `tengo hambre, pero no tengo idea de qué quiero`", pienso. Pasan más autobuses. El autobús ⬛⬛⬛. En varias ocasiones. El autobús ⬛⬛⬛. En dos ocasiones. Pasa más y más y más tiempo. *"Es este"*, me dijo la chica de la vagoneta. "Muchas gracias", contesto, y me subo, con los apenas dos dólares que me quedan.

Pasan los minutos y las calles, y las calles y los minutos se hacen cada vez más largos. Y más cortos. Y los pensamientos se hacen todos y nada a la misma vez.

No sé. ¿Qué digo?                    ¿Digo algo?

                    ¿Habrá cambiado todo desde hace seis años?

Me estoy muriendo de sueño.

                    ¿Qué estará haciendo?
                              ¿Qué vamos a comer?

                    *¿Le diré que* ~~es el amor de mi vida~~

~~y que se case conmigo~~?

No, Orlando, no te quieres casar. No caigas en provocaciones. No digas nada. Es más, ni siquiera digas hola. Es más, haz lo de siempre: Ponte hasta el culo, luego ponte a hablar de la verdad de la vida y de las cosas. No, mejor no. Orlando, actúa normal.

En la esquina de M̶A̶h̶u̶P̶a̶q̶u̶P̶d̶R̶e̶a̶l̶ñ̶o̶n̶, del lado opuesto de la acera a la que tengo que salir, sonidos familiares se escucha detrás de los vidrios del autobús.

[Suena música de banda de fondo]

Es *El Sinaloense*, siendo reproducido a todo volumen. Memorias de computadora para el puerto serial universal con un costo *"de a cincuenta pesos"* [70] con todos los éxitos de tambora del último milenio. Todos. Los éxitos. Es sorprendente que hoy en día, toda la música que se ha creado, absolutamente toda, cabe en la palma de la mano. Aún más increíble, es que toda está en todos los lugares. En la nube. En las nubes. Nadie sabe que es la nube. La nube no es un lugar, es un concepto. La nube son sistemas de información distribuidos que han cambiado radicalmente la distribución y acceso a la información en la última década. La nube es todo y no es nada al mismo tiempo. La nube cambió completamente la manera en la que se distribuye la información, y de igual manera, el modo en el que se procesa y transmite la información. La complejidad de la nube. Todo y nada a la vez. El autobús recorre el último tramo antes que tenga que descender. Y comenzar a caminar.

Todo resulta tan extraño. El consulado general de México se ve en la esquina. El olor a marihuana de la pareja sentada en la esquina del

---

[70] (o diez dólares, posiblemente, dado el tipo de cambio)

parque está retumbando fuerte en mi nariz. Buenos tiempos. Buenos parques. Olor a miados por todos lados, como todos los parques de esta zona. Una colina empinada hacia la última calle que recorrer.

Me lleva la ~~verga~~, está bien pinche empinado aquí.

Por fin. ~~Dulo, nadie, uste... cuarto~~. El portón está cerrado. Veo hacia todos lados, porque el portón está cerrado. Un hombre abre el portón, de repente, para salir del conjunto habitacional. Sin mirarnos, porque apenas uno ve algo extraño, uno empieza a entrar en pánico, si uno lo viene a matar... o solo es alguien buscando a alguien más. La maleta me delata, supongo. No vengo a matar a nadie. "¡Muchas gracias!", respondo. Continúo la procesión.

Mi mente está en blanco. No sé que pensar. No sé que decir. ¿Qué chingados hago aquí? Estoy completamente mal. No debí comprar tantos cigarros.

Estoy nervioso. Me estoy miando.

Quiero bañarme. Quiero huir.

Apartamento 𝟥𝟨𝟤𝟤.

Bueno, ya no puedo hacer mucho. Orlando, relájate. Tu puedes. No digas estupideces.

Apartamento ⬛⬛⬛⬛.

[Respiro profundo]

Apartamento (3053).

Miro a la izquierda. El sol se está poniendo.

Apartamento (XX51.

[Último respiro profundo]

[Golpes a puerta metálica]

[Sollozo]

*¿Buenas?*

¡Buenas!

...buenas.

¡ !

*Aquí no es, Señor, ¡No esté chingando!*

[esta página ha sido intencionalmente dejada en blanco]

Alejandra, amada princesa,

como muchas tantas otras cosas que pudiste
haber encontrado aquí, supongo que lo que más
duele, a veces, es que siempre nos pintan con
la brocha más despeinada, y quedamos como
borrones indelebles y por demás venenosas, y
como si hubiésemos sido la peor alimaña que se
nos cruzó en el planeta tierra.

Quiero que sepas, que no es así, del todo.
Hace poco la doctora me preguntó, mientras
caminabamos por una calle de San
Francisco, en camino a comer algo: "Se nota
que esa mujer tuvo un significado muy importante
para ti, ¿No? Como que te afectó de una manera
muy profunda". Eso me hizo pensar ¿Por qué?
más aún que cuando escribía *grises* y me
preguntaba *¿Pero por qué,*

*en serio?*

Después de varios *años,* y después de
tener la claridad que me permitió
estar aquí sentado escribiendo este
*post-post-scriptum*, creo que la
pregunta de la doctora fue pertinente,
y la respuesta es simple: El habernos
enredado esa vez, fue la primera vez
que sentí que podía enmarañarme con

alguien que no fuera un evento
estocástico e invisible; que no
sintiera por una vez en mi vida que yo
soy la última opción de alguien,
porque el alcohol le rebasó la
conciencia, o porque ya se fueron los
guapos de la fiesta. Sentí, entonces,
que valía. Y no tanto por haberme
enredado, solo me sentí valorado en el
gran esquema de las cosas, por primera
vez en mi vida.

Algo tarde, pero más vale encontrar cariño propio tarde que nunca.
Gracias por el empujón, A̶d̶a̶n̶a̶d̶p̶i̶t̶s̶u̶a̶.

En verdad lo necesitaba,

*entonces.*

130

[1]Esto empezó en realidad en febrero de 2018, pero empecé a contar los días hasta marzo. Luego empecé a escribir, y a escribir, y ya poco quedó de como todo empezó, cuando todavía sentía que el mundo se me derrumbaba encima. Una tarde que venía en el tren de Troya, en dirección a Paris, me dediqué a soslayar las razones por la que empezó *todo*, y preferí envenenar más la memoria de lo que fueron estas cartas, con otras tantas fantasmas que tenía entrelazadas entre las huellas dactilares. No todo aquí se refiere a ~~[ilegible]~~ específicamente... pero de cierta manera, ~~[ilegible]~~ es/son ~~[ilegible]~~.

[2]Con el fin de hacer la lectura menos complicada, y un tanto más dramáticamente amena, muchas de las cosas que se escribieron en las cartas originales a ~~[ilegible]~~, fueron escritas de nuevo, revisadas y editadas para contextualizar a quien sea que lea estas cartas, que ahora no son para nadie. Esto quiere decir también que, con el fin de no referir a alguien que sí existe y que posiblemente no quiera leer esto de nuevo bajo su propia voluntad, se quitaron las referencias a ~~[ilegible]~~, aquella a quien originalmente le correspondían estas letras, y fueron cambiadas por una maraña de nombres ilegibles que no existen. Que nunca estuvieron. Que nunca fueron. Exactamente, igual que ella[3].

[3]Miento. Empecé otra vez porque saber qué tan lejos podía llegar embarrando memorias escritas con memorias distantes de amores que se perdieron hace mucho, mucho tiempo, entre otras letras menos poéticas que ya no me dan comezón, pero que tenían que quedar escritas en algún lado y no tenían su propio libro[4].

[4]A veces, la delgada línea que separa las mentiras de lo que en realidad quiero decir, es la diferencia entre tropezarme con raíces muy brotadas del piso y cuidarlas celosamente en las sombras, quejándome cuando me sangra la rodilla; y dejar que crezcan flores solas en las heridas cuando vuelva a llover en la primavera, porque... se me olvidó quitarme la tierra de la sangre.

# Preámbulo prologario.

Ya han pasado casi dos años, y creo que por fin he terminado de escribir
encima de notas con más notas, y encima de revisiones que han hecho
decenas de personas, y por fin, he dejado ir estos papeles de donde
empezaron a convertirse en un libro. No porque siga enamorado. Eso
quedó atrás, alguna vez, seis meses después que empecé las cartas, y le
mandé un mensaje a A̶g̶l̶a̶a̶d̶o̶p̶t̶e̶n̶s̶a̶, y no contestó.

> Por un largo tiempo.

Ahí supe que ya no tenía nada que hacer en ese lugar y ese tiempo, y
que estaba viviendo una fantasía adolescente de la que por fin pude
salirme. Después de A̶g̶l̶a̶a̶d̶o̶p̶t̶e̶n̶s̶a̶, tuve que pasar por otras estaciones,
que por fin, me dejarían dejar ir todo, y por fin, encontré el amor en
Angélica, la única que quiero que quede para siempre dentro de mi
corazón y de mi mente, y que a veces tiene que leer todo esto que
alguna vez pensé por otra. Por otras.

Así, empieza/termina esto. Agradezco infinitamente a Angélica por la
paciencia de tener que leer que otra me pasó por las huellas dactilares.

> Te amo, Angélica. Quiero transmutar hasta que
> salga de esta tierra contigo, y pienso hacerlo
> hasta que se me extinga el fuego que llevo en
> la mente. Eres mi inspiración todos los días,
> y la razón porque ya no me da miedo dormir en
> silencio.

# 4. Epílogo

## otra.

Otra que, de repente, no estaba.

El contexto es importante aquí porque escribí esto estando
muy sola, muy triste, y era el quince de Mayo de dos mil
quince. Esos días, me la pasaba azotándome porque me
sentía cada vez más aislado de la realidad y quería que me
abrazaran con cariño (otra vez). La soledad, mata.

A notar es el hecho que siempre escribo sobre los
sentimientos post-scriptum pero nunca en el momento que es
importante compartir el sentimiento. Así, ad infinitum.

## Todavía

Todavía recuerdo la noche
en la que me dijiste que me amabas.
Fue después de ver al hombre de los silbidos,
gritos internos desesperados de
ya no te aguanto, *ya no aguanto.*


Quería destruirte esa noche
esperando que surtieran efecto (tal vez),
tal vez, tal vez, tal vez.
Yo nos llevaba, y frenando, me dijiste
"te amo".
No entendía. No entendía. *No entendía.*
No entendía que pasaba.
gritos internos desesperados de
*ya no te entiendo*, no entiendo que es lo que pasa.


Dormimos esa vez juntos,
la noche que me dijiste que me amabas.
gritos externos desesperados de
pásame, pásame, pásame,
pésame, pésame, pésame,
cada día te entiendo menos.
Cada día te entiendo menos.
Cada día te entiendo menos.
Cada día te extiendo menos.

# Últimas cartas

## Aborrezco

Aborrezco esos últimos cinco meses de nuestra vida juntos. Aborrezco los gritos, nuestros llantos, aborrezco mi falta de carácter, y aborrezco todos mis miedos y fracasos.

Aborrezco culparte por todo. Nunca entendí que en realidad estabas ahí para mí, por mí, conmigo hasta el final. Nunca entendí que era el mejor para ti. Nunca entendí que no había nada detrás de la pared. Solo un triste llano, de absolutamente nada.

Aborrezco la desconfianza. Cuidarme la espalda cada segundo por mis inseguridades, por mis fracasos y por mis miedos. Aborrezco no haber disfrutado todo lo que debí disfrutar. Aborrezco no haber sido más cabal, más hombre. Aborrezco haber sido mal amante, y jamás hacer nada por mí. Aborrezco el desbalance.

Aborrezco hablar sobre las bodas. Aborrezco la idea de tener la propia. Aborrezco el pensar en gastar, gastar, gastar en un día insignificante en mi vida. Aborrezco la idea de estancarme, de ser normal. De la vida de suburbio que nunca supe si era lo que querías. Aborrezco no haber entendido que era lo que querías.

Aborrezco mis miedos. Que me controlaran en más de una ocasión. Aborrezco culpar a la soledad de mis fallos como ser humano. Aborrezco haber zarpado y esperar que estuvieras en el muelle, algún día. Aborrezco pensar que en verdad creía que todo era simple.

Aborrezco la comunicación. Nunca te entendí, nunca logré hacerme entender. Aborrezco hacer complicadas las cosas simples. Aborrezco haber pensado por ti cuando debí haber preguntado. Aborrezco pensar que querías la vida normal, cuando podías no querer eso en absoluto.

Aborrezco pensar que en verdad me querías y lo arruiné por tener miedo a estancarme.

Aborrezco todo lo que perdí. Aborrezco no haber perdonado el pasado. Aborrezco pensar que nadie cambia. Aborrezco pensar que en realidad te importaba mi corazón, y que en verdad fui yo el que tomó esa decisión de alejarme por siempre de un amor verdadero, único, indiferente. Nuestro.

Aborrezco haberte alejado poco a poco. Aborrezco haber cerrado mi corazón al tuyo, y aborrezco que ahora tu corazón ya no es mío, sino de alguien que está más cerca de ti. Que está contigo. Aborrezco pensar que el que está mal soy yo, y tu eres la que estaba estancada conmigo. Que yo era tu ancla para sentir y vivir plenamente. Que en realidad yo estaba equivocado.

Aborrezco no recibir tus buenos días. Aborrezco saber que en la mañana ya no habrá gatos, tu foto, que tienes sueño, que estás cansada o corriendo o tus nuevas ideas. Aborrezco haberlo causado, por celos. Estúpidos celos. Aborrezco pensar que ahora esos mensajes van a otra persona, cuando fueron míos tanto tiempo. Aborrezco pensar en la pertenencia, en la objetificación de la mensajería instantánea. Aborrezco lanzar rocas hacia el cielo.

Aborrezco no haber podido prometerte nada. Que te me escapaste de los dedos, como arena de las manos. Aborrezco que ahora tienes quién te marque en la madrugada. Aborrezco mi romantización de nuestros años juntos. Aborrezco mis decisiones y aborrezco mi soledad. Aborrezco no ver claro que lo estoy haciendo bien, que hay algo detrás de la pared, y espero encontrarme con alguien que me de y me quite tanto como tú lo hiciste.

En fin, te aborrezco muchísimo.

**Te extraño**

Te extraño. Extraño tu sonrisa en la mañana. Despertar y verte dormida, descansando. Decirte que te amo y que me digas "no te vayas". Ahí estaba. Extraño ver tu cara todo el día.

Extraño nuestras extrañas formas de comunicación en las mañanas. Verte a dos asientos de mi silla. Extraño tus lentes. Extraño tu comida. Extraño estar juntos en la cocina, platicando de todas las cosas irremediables de la vida. Extraño a la gata, pero te extraño más todavía a ti. Extraño tu sonrisa. Extraño que me extrañes. Que nuestras ropas se lavaran con jabón y mucho suavizante. Extraño tender la ropa contigo, y ver la tarde pasar haciendo tu tarea, haciendo comida. Viendo televisión, las películas tontas que siempre ponía.

Extraño comer contigo. Saber que pudimos ser dos toda una vida. No necesitaba nada más que tu sonrisa para saber que todo iba a estar bien. Extraño tener que huir a veces, como si fuéramos un secreto. Extraño tus gritos, extraño tus berrinches. Extraño sentirme tan completo que la incomodidad de la paz en mi corazón me inundaba con la necesidad de avanzar. Extraño bailar contigo, y hacerte reír cuando bailaba mal. Extraño tus ojos.

Extraño las sábanas y tu olor de dos días. Tu olor a pies y sudor, los extraño. Extraño tus proyectos, extraño tu pasión por cambiar pero no lo suficiente para hacer algo en realidad. Extraño tus manos. Extraño tu voz. Extraño entender a alguien y ser comprendido de vuelta. Extraño decirte cosas hermosas y verte feliz.

En fin, te extraño muchísimo.

Herstellung und Verlag:
BoD – Books on Demand, Norderstedt
ISBN: 978-3-7519-4448-9